Dipl.-Kfm. Dipl.-Hdl. Manfred Deitermann, Dipl.-Kfm. Dipl.-Hdl. Dr. Siegfried Schmolke, Dipl.-Hdl. Wolf-Dieter Rückwart, Dipl.-Ök. Prof. Dr. Susanne Stobbe, Studiendirektor Björn Flader

Industrielles Rechnungswesen IKR

Arbeitsheft

47. Auflage, übereinstimmend ab der 48. Auflage des Schülerbuches

Bestellnummer 7594

Winklers westermann

Die in diesem Produkt gemachten Angaben zu Unternehmen (Namen, Internet- und E-Mail-Adressen, Handelsregistereintragungen, Bankverbindungen, Steuer-, Telefon- und Faxnummern und alle weiteren Angaben) sind i. d. R. fiktiv, d. h., sie stehen in keinem Zusammenhang mit einem real existierenden Unternehmen in der dargestellten oder einer ähnlichen Form. Dies gilt auch für alle Kunden, Lieferanten und sonstigen Geschäftspartner der Unternehmen wie z. B. Kreditinstitute, Versicherungsunternehmen und andere Dienstleistungsunternehmen. Ausschließlich zum Zwecke der Authentizität werden die Namen real existierender Unternehmen und z. B. im Fall von Kreditinstituten auch deren IBANs und BICs verwendet.

Die in diesem Werk aufgeführten Internetadressen sind auf dem Stand zum Zeitpunkt der Drucklegung. Die ständige Aktualität der Adressen kann vonseiten des Verlages nicht gewährleistet werden. Darüber hinaus übernimmt der Verlag keine Verantwortung für die Inhalte dieser Seiten.

Dieses Arbeitsheft enthält Konten und Arbeitsvorlagen für folgende Übungsaufgaben des Lehrbuches:

4–7, 10–20, 21–24, 26, 27, 32, 33, 40, 41, 44, 48–51, 55, 56, 63, 78, 79, 86, 90, 91,95, 96, 98, 99, 101, 104, 111, 156, 157, 162, 171, 215–217, 254, 262, 290, 325, 348, 358, 395, 397, 410, 415, 445–447, 449, 450, 464–466, 470–472, 475, 476, 479, 481–483, 492, 495, 497–502, 504, 507, 508, 517, 520, 596, 597, 605, 608, 609

Druck: westermann druck GmbH, Braunschweig

service@winklers.de
www.winklers.de

Bildungshaus Schulbuchverlage Westermann Schroedel Diesterweg Schöningh Winklers GmbH, Postfach 33 20, 38023 Braunschweig

ISBN 978-3-8045-**7594**-3

westermann GRUPPE

4

Inventar U. Brandt e. K., Wuppertal, am 31. Dezember 01

5

Inventar U. Brandt e. K., Wuppertal, am 31. Dezember 02

6

Inventar W. Pätzold e. K., Köln, am 31. Dezember 01

7

Inventar W. Pätzold e. K., Köln, am 31. Dezember 02

10/11/12/13

Erfolgsermittlung	**10**	**11 a**	**11 b**	**12**	**13**
Eigenkapital am 31. Dez.					
– Eigenkapital am 1. Jan.					
= Kapitalzunahme (-abnahme)					
+ Privatentnahmen					
– Privateinlagen					
= **Gewinn bzw. Verlust**					

14

Bilanz zum 31. Dezember ..
Rolf Röhrig e. Kfm., Frankfurt (Main)

Aktiva	Passiva

15

Bilanz zum 31. Dezember ..
Rolf Röhrig e. Kfm., Frankfurt (Main)

Aktiva	Passiva

16

Bilanz zum 31. Dezember ..
Gerd Badicke e. Kfm., Leverkusen

Aktiva	Passiva

17

Bilanz zum 31. Dezember ..
Gerd Badicke e. Kfm., Leverkusen

Aktiva	Passiva

18 (Aufgabe 4)

Bilanz zum 31. Dezember 01
U. Brandt e. K., Wuppertal

Aktiva	Passiva

18 (Aufgabe 5)

Bilanz zum 31. Dezember 02
U. Brandt e. K., Wuppertal

Aktiva	Passiva

19 (Aufgabe 6)

Bilanz zum 31. Dezember 01
W. Pätzold e. K., Köln

Aktiva	Passiva

19 (Aufgabe 7)

Bilanz zum 31. Dezember 02
W. Pätzold e. K., Köln

Aktiva	Passiva

20 (Bilanzstruktur zu 14)

Aktiva | Passiva

Vermögensstruktur		%	**Kapitalstruktur**		%
Anlagevermögen			Eigenkapital		
Umlaufvermögen			Fremdkapital		
Gesamtvermögen			**Gesamtkapital**		

20 (Bilanzstruktur zu 15)

Aktiva | Passiva

Vermögensstruktur		%	**Kapitalstruktur**		%
Anlagevermögen			Eigenkapital		
Umlaufvermögen			Fremdkapital		
Gesamtvermögen			**Gesamtkapital**		

20 (Bilanzstruktur zu 16)

Aktiva | Passiva

Vermögensstruktur		%	**Kapitalstruktur**		%
Anlagevermögen			Eigenkapital		
Umlaufvermögen			Fremdkapital		
Gesamtvermögen			**Gesamtkapital**		

20 (Bilanzstruktur zu 17)

Aktiva | Passiva

Vermögensstruktur		%	**Kapitalstruktur**		%
Anlagevermögen			Eigenkapital		
Umlaufvermögen			Fremdkapital		
Gesamtvermögen			**Gesamtkapital**		

20 (Bilanzstruktur zu 18-01/02)

Aktiva | Passiva

Vermögensstruktur		%	**Kapitalstruktur**		%
Anlagevermögen			Eigenkapital		
Umlaufvermögen			Fremdkapital		
Gesamtvermögen			**Gesamtkapital**		

20 (Bilanzstruktur zu 19-01/02)

Aktiva | Passiva

Vermögensstruktur		%	**Kapitalstruktur**		%
Anlagevermögen			Eigenkapital		
Umlaufvermögen			Fremdkapital		
Gesamtvermögen			**Gesamtkapital**		

Bilanzwaage

	Aktiva							Passiva			
	Grundstücke und Gebäude	TA und Maschinen	Rohstoffe	Ford. a. LL	Bank	Kasse	Summe Aktiva	Summe Passiva	Eigenkapital	Darlehensschulden	Verbindl. a. LL
AB	480.000,00	130.000,00	50.000,00	25.000,00	30.000,00	5.000,00	720.000,00	720.000,00	671.000,00	20.000,00	29.000,00
1.											
2.											
3.											
4.											
5.											
6.											
7.											
8.											

Bilanzwaage

Aktiva | Passiva

	TA und Maschinen	Fuhrpark	Rohstoffe	Ford. a. LL	Bank	Kasse	Summe Aktiva	Summe Passiva	Eigenkapital	Darlehen	Verbindl. a. LL
AB	490.000,00	40.000,00	42.000,00	15.000,00	28.000,00	6.000,00	621.000,00			30.000,00	20.000,00
1.											
2.											
3.											
4.											
5.											
6.											
7.											

Schlussbilanz

Aktiva	Passiva

23

S **Kassenkonto** H

24

S **Verbindlichkeiten a. LL** H

26

Aktiva **Eröffnungsbilanz** Passiva

S **Forderungen a. LL** H

S **Bankguthaben** H

S **Kasse** H

S **Grundstücke und Gebäude** H

S **Technische Anlagen (TA) und Maschinen** H

S **Rohstoffe** H

S **Darlehensschulden** H

Fortsetzung von Übung 26

S **Verbindlichkeiten a. LL** H

S **Eigenkapital** H

Aktiva **Schlussbilanz** Passiva

27

Aktiva **Eröffnungsbilanz** Passiva

S **TA und Maschinen** H

S **Betriebs- und Geschäftsausstattung (BGA)** H

S **Rohstoffe** H

S **Forderungen a. LL** H

S **Kasse** H

S **Bankguthaben** H

S **Darlehensschulden** H

S **Verbindlichkeiten a. LL** H

S **Eigenkapital** H

Aktiva **Schlussbilanz** Passiva

32

Eröffnungsbilanz

Aktiva	Passiva

TA und Maschinen

S	H

Betriebs- und Geschäftsausstattung

S	H

Rohstoffe

S	H

Forderungen a. LL

S	H

Kasse

S	H

Postbankguthaben

S	H

Bankguthaben

S	H

Darlehensschulden

S	H

Verbindlichkeiten a. LL

S	H

Eigenkapital

S	H

Schlussbilanz

Aktiva	Passiva

Lfd. Nr.	Buchungs-datum	Beleg	Konto	Soll	Haben
1					
2					
3					
4					
5					
6					
7					
8					
9					
10					
11					
12					
13					
14					
15					
16					
17					
18					
19					

Aktiva	Eröffnungsbilanz	Passiva

S	Eröffnungsbilanzkonto	H

S	TA und Maschinen	H

S	Betriebs- und Geschäftsausstattung	H

S	Rohstoffe	H

S	Forderungen a. LL	H

S	Kasse	H

S	Bankguthaben	H

S	Verbindlichkeiten a. LL	H

S	Eigenkapital	H

S	Schlussbilanzkonto	H

Aktiva	Schlussbilanz	Passiva

41

Aktiva **Eröffnungsbilanz** Passiva

S **Eröffnungsbilanzkonto** H

S **Grundstücke und Gebäude** H

S **TA und Maschinen** H

S **Betriebs- und Geschäftsausstattung** H

S **Rohstoffe** H

S **Hilfsstoffe** H

S **Forderungen a. LL** H

S **Kasse** H

S **Postbankguthaben** H

S **Bankguthaben** H

S **Darlehensschulden** H

S **Verbindlichkeiten a. LL** H

S **Eigenkapital** H

S **Schlussbilanzkonto** H

Aktiva **Schlussbilanz** Passiva

Grundstücke und Gebäude

S	H

TA und Maschinen

S	H

Betriebs- und Geschäftsausstattung

S	H

Rohstoffe

S	H

Hilfsstoffe

S	H

Forderungen a. LL

S	H

Bankguthaben

S	H

Verbindlichkeiten a. LL

S	H

Umsatzerlöse für eigene Erzeugnisse

S	H

Mieterträge

S	H

Zinserträge

S	H

Aufwendungen für Rohstoffe

S	H

Aufwendungen für Hilfsstoffe

S	H

Löhne/Gehälter

S	H

Kosten der Telekommunikation

S	H

Büromaterial

S	H

Gewinn- und Verlustkonto

S	H

Eigenkapital

S	H

Schlussbilanzkonto

S	H

48

S	Eröffnungsbilanzkonto	H

S	Rohstoffe	H

S	Hilfsstoffe	H

S	Betriebsstoffe	H

S	Forderungen a. LL	H

S	Kasse	H

S	Bankguthaben	H

S	Eigenkapital	H

S	Umsatzerlöse für eigene Erzeugnisse	H

S	Zinserträge	H

S	Aufwendungen für Rohstoffe	H

S	Aufwendungen für Hilfsstoffe	H

S	Aufwendungen für Betriebsstoffe	H

S	Löhne	H

S	Gehälter	H

S	Betriebssteuern	H

S	Werbeaufwendungen	H

S	Gewinn- und Verlustkonto	H

S	Schlussbilanzkonto	H

49

S **Eröffnungsbilanzkonto** H

S **Betriebs- und Geschäftsausstattung** H

S **Rohstoffe** H

S **Hilfsstoffe** H

S **Betriebsstoffe** H

S **Forderungen a. LL** H

S **Kasse** H

S **Bankguthaben** H

S **Eigenkapital** H

S **Verbindlichkeiten a. LL** H

S **Umsatzerlöse für eigene Erzeugnisse** H

S **Provisionserträge** H

S **Aufwendungen für Rohstoffe** H

S **Aufwendungen für Hilfsstoffe** H

S **Aufwendungen für Betriebsstoffe** H

S **Löhne** H

S **Fremdinstandhaltung** H

S **Büromaterial** H

S **Gewinn- und Verlustkonto** H

S **Schlussbilanzkonto** H

S	TA und Maschinen	H
150.000,00		

S	Rohstoffe	H
60.000,00		

S	Vorprodukte/Fremdbauteile	H
30.000,00		

S	Betriebsstoffe	H
15.000,00		

S	Forderungen a. LL	H
10.000,00		

S	Bankguthaben	H
25.000,00		

S	Kasse	H
3.000,00		

S	Eigenkapital	H
		200.000,00

S	Darlehensschulden	H
		60.000,00

S	Verbindlichkeiten a. LL	H
		33.000,00

S	Umsatzerlöse für eigene Erzeugnisse	H

S	Zinserträge	H

S	Aufwendungen für Rohstoffe	H

S	Aufwendungen für Vorprodukte/Fremdbauteile	H

S	Aufwendungen für Betriebsstoffe	H

S	Löhne	H

S	Gehälter	H

S	Büromaterial	H

S	Werbeaufwendungen	H

S	Mietaufwendungen	H

S	Fremdinstandhaltung	H

S	Kosten der Telekommunikation	H

S	Gewinn- und Verlustkonto	H

S	Schlussbilanzkonto	H

51

S	TA und Maschinen H
420.000,00	

S	Betriebs- und Geschäftsausstattung H
210.000,00	

S	Rohstoffe H
89.000,00	

S	Hilfsstoffe H
12.500,00	

S	Betriebsstoffe H
2.800,00	

S	Forderungen a. LL H
46.000,00	

S	Bankguthaben H
125.000,00	

S	Kasse H
700,00	

S	Darlehensschulden H
	260.000,00

S	Verbindlichkeiten a. LL H
	69.000,00

S	Umsatzerlöse für eigene Erzeugnisse H

S	Provisionserträge H

S	Aufwendungen für Rohstoffe H

S	Aufwendungen für Hilfsstoffe H

S	Aufwendungen für Betriebsstoffe H

S	Löhne H

S	Gehälter H

S	Mietaufwendungen H

S	Kosten der Telekommunikation H

S	Zinsaufwendungen H

S	Versicherungsbeiträge H

S	Gewinn- und Verlustkonto H

S	Eigenkapital H
	577.000,00

S	Schlussbilanzkonto H

55

TA und Maschinen

S	H
90.000,00	

Fuhrpark

S	H
50.000,00	

Betriebs- und Geschäftsausstattung

S	H
25.000,00	

Rohstoffe

S	H
31.000,00	

Hilfsstoffe

S	H
3.500,00	

Betriebsstoffe

S	H
2.500,00	

Forderungen a. LL

S	H
9.000,00	

Bank

S	H
28.000,00	

Kasse

S	H
6.000,00	

Eigenkapital

S	H
	221.000,00

Darlehensschulden

S	H
	10.000,00

Verbindlichkeiten a. LL

S	H
	14.000,00

Umsatzerlöse für eigene Erzeugnisse

S	H

Aufwendungen für Rohstoffe

S	H

Aufwendungen für Hilfsstoffe

S	H

Aufwendungen für Betriebsstoffe

S	H

Löhne

S	H

Abschreibungen auf Sachanlagen

S	H

Betriebsteuern

S	H

Gewinn- und Verlustkonto

S	H

Schlussbilanzkonto

S	H

56

TA und Maschinen

S	H
120.000,00	

Fuhrpark

S	H
40.000,00	

Betriebs- und Geschäftsausstattung

S	H
30.000,00	

Rohstoffe

S	H
16.000,00	

Hilfsstoffe

S	H
5.000,00	

Betriebsstoffe

S	H
3.000,00	

Forderungen a. LL

S	H
10.000,00	

Bank

S	H
28.000,00	

Kasse

S	H
8.000,00	

Eigenkapital

S	H
	222.000,00

Darlehensschulden

S	H
	20.000,00

Verbindlichkeiten a. LL

S	H
	18.000,00

Umsatzerlöse für eigene Erzeugnisse

S	H

Aufwendungen für Rohstoffe

S	H

Aufwendungen für Hilfsstoffe

S	H

Aufwendungen für Betriebsstoffe

S	H

Löhne

S	H

Gehälter

S	H

Abschreibungen auf Sachanlagen

S	H

Betriebsteuern

S	H

S	Gewinn- und Verlustkonto H

S	Schlussbilanzkonto H

63

S	TA und Maschinen H
210.000,00	

S	Bank H
27.200,00	

S	Rohstoffe H
53.600,00	

S	Kasse H
14.900,00	

S	Vorprodukte/Fremdbauteile H
18.300,00	

S	Eigenkapital H
	300.000,00

S	Betriebsstoffe H
5.100,00	

S	Verbindlichkeiten a. LL H
	114.000,00

S	Unfertige Erzeugnisse H
11.900,00	

S	Umsatzerlöse für eigene Erzeugnisse H

S	Fertige Erzeugnisse H
28.600,00	

S	Bestandsveränderungen H

S	Forderungen a. LL H
44.400,00	

S	Zinserträge H

S	Aufwendungen für Rohstoffe	H

S	Aufwendungen für Fremdbauteile	H

S	Aufwendungen für Betriebsstoffe	H

S	Ausgangsfrachten	H

S	Vertriebsprovisionen	H

S	Fremdinstandhaltung	H

S	Löhne	H

S	Gehälter	H

S	Abschreibungen auf Sachanlagen	H

S	Mietaufwendungen	H

S	Reisekosten	H

S	Gewinn- und Verlustkonto	H

S	Schlussbilanzkonto	H

78

S	TA und Maschinen	H
230.000,00		

S	Hilfsstoffe	H
42.000,00		

S	Andere Anlagen/BGA	H
90.000,00		

S	Betriebsstoffe	H
15.000,00		

S	Rohstoffe	H
62.000,00		

S	Unfertige Erzeugnisse	H
22.000,00		

Fertige Erzeugnisse

S	H
15.000,00	

Forderungen a. LL

S	H
44.000,00	

Vorsteuer

S	H

Bank

S	H
40.000,00	

Kasse

S	H
6.000,00	

Eigenkapital

S	H
	523.000,00

Verbindlichkeiten a. LL

S	H
	43.000,00

Umsatzsteuer

S	H

Umsatzerlöse für eigene Erzeugnisse

S	H

Bestandsveränderungen

S	H

Aufwendungen für Rohstoffe

S	H

Aufwendungen für Hilfsstoffe

S	H

Aufwendungen für Betriebsstoffe

S	H

Fremdinstandhaltung

S	H

Löhne

S	H

Abschreibungen auf Sachanlagen

S	H

Portokosten

S	H

Büromaterial

S	H

Werbeaufwendungen

S	H

S	Gewinn- und Verlustkonto	H

S	Schlussbilanzkonto	H

79

S TA und Maschinen	H
230.000,00	

S Unfertige Erzeugnisse	H
14.000,00	

S Fertige Erzeugnisse	H
18.000,00	

S Andere Anlagen/BGA	H
75.000,00	

S Forderungen a. LL	H
24.000,00	

S Rohstoffe	H
32.000,00	

S Vorsteuer	H

S Hilfsstoffe	H
15.000,00	

Bank

S	H
34.200,00	

Kasse

S	H
7.100,00	

Eigenkapital

S	H
	394.800,00

Verbindlichkeiten a. LL

S	H
	50.000,00

Umsatzsteuer

S	H
	4.500,00

Umsatzerlöse für eigene Erzeugnisse

S	H

Bestandsveränderungen

S	H

Aufwendungen für Rohstoffe

S	H

Aufwendungen für Hilfsstoffe

S	H

Fremdinstandhaltung

S	H

Löhne

S	H

Gehälter

S	H

Abschreibungen auf Sachanlagen

S	H

Mietaufwendungen

S	H

Büromaterial

S	H

Betriebssteuern

S	H

Gewinn- und Verlustkonto

S	H

Schlussbilanzkonto

S	H

86

TA und Maschinen

S	H
282.000,00	

Andere Anlagen/BGA

S	H
138.000,00	

Rohstoffe

S	H
230.000,00	

Forderungen a. LL

S	H
115.000,00	

Vorsteuer

S	H

Bank

S	H
82.000,00	

Kasse

S	H
12.000,00	

Darlehensschulden

S	H
	286.500,00

Verbindlichkeiten a. LL

S	H
	172.500,00

Umsatzsteuer

S	H

Umsatzerlöse für eigene Erzeugnisse

S	H

Entnahme v. G. u. s. L.

S	H

Zinserträge

S	H

Aufwendungen für Rohstoffe

S	H

Gehälter

S	H

Abschreibungen auf Sachanlagen

S	H

Büromaterial

S	H

Privat

S	H

Gewinn- und Verlustkonto

S	H

Eigenkapital

S	H
	400.000,00

Schlussbilanzkonto

S	H

90

TA und Maschinen

S	H
152.000,00	

Andere Anlagen/BGA

S	H
73.000,00	

Rohstoffe

S	H
87.000,00	

Forderungen a. LL

S	H
44.000,00	

Vorsteuer

S	H

Bank

S	H
33.000,00	

Kasse

S	H
8.000,00	

Verbindlichkeiten a. LL

S	H
	48.000,00

Umsatzsteuer

S	H
	6.000,00

Umsatzerlöse für eigene Erzeugnisse

S	H

Aufwendungen für Rohstoffe

S	H

Löhne

S	H

Fremdinstandhaltung

S	H

Abschreibungen auf Sachanlagen

S	H

Büromaterial

S	H

Mietaufwendungen

S	H

Entnahme v. G. u. s. L.

S	H

Privat

S	H

Eigenkapital

S	H
	343.000,00

S	Gewinn- und Verlustkonto H

S	Schlussbilanzkonto H

91

S	TA und Maschinen H
146.000,00	3.500,00

S	Verbindlichkeiten a. LL H
437.000,00	713.000,00

S	Andere Anlagen/BGA H
73.060,00	1.500,00

S	Vorsteuer H
91.344,00	72.000,00

S	Rohstoffe H
250.000,00	

S	Umsatzsteuer H
81.125,00	173.375,00

S	Forderungen a. LL H
920.000,00	755.000,00

S	Umsatzerlöse für eigene Erzeugnisse H
	910.000,00

S	Bank H
878.511,00	648.000,00

S	Entnahme v. G. u. s. L. H
	2.500,00

S	Privat H
85.000,00	17.625,00

S	Aufwendungen für Rohstoffe H
420.000,00	

Gehälter

S	H
140.000,00	

Gewinn- und Verlustkonto

S	H

Abschreibungen auf Sachanlagen

S	H

Mietaufwendungen

S	H
68.000,00	

Eigenkapital

S	H
	300.000,00

Werbung

S	H
5.600,00	

Schlussbilanzkonto

S	H

Büromaterial

S	H
860,00	

95

0700 TA und Maschinen

S	H
250.000,00	

2030 Betriebsstoffe

S	H
8.000,00	

2000 Rohstoffe

S	H
40.000,00	

2100 Unfertige Erzeugnisse

S	H
15.000,00	

2020 Hilfsstoffe

S	H
12.000,00	

2200 Fertige Erzeugnisse

S	H
12.000,00	

2400 Forderungen a. LL

S	H
17.000,00	

2600 Vorsteuer

S	H

2800 Bank

S	H
28.000,00	

2880 Kasse

S	H
6.000,00	

3000 Eigenkapital

S	H
	280.000,00

3001 Privat

S	H

4250 Darlehensschulden

S	H
	83.000,00

4400 Verbindlichkeiten a. LL

S	H
	25.000,00

4800 Umsatzsteuer

S	H

5000 Umsatzerlöse für eigene Erzeugnisse

S	H

5200 Bestandsveränderungen

S	H

5420 Entnahme v. G. u. s. L.

S	H

6000 Aufwendungen für Rohstoffe

S	H

6020 Aufwendungen für Hilfsstoffe

S	H

6030 Aufwendungen für Betriebsstoffe

S	H

6140 Frachten und Fremdlager

S	H

6160 Fremdinstandhaltung

S	H

6200 Löhne

S	H

6520 Abschreibungen auf Sachanlagen

S	H

6700 Mietaufwendungen

S	H

7510 Zinsaufwendungen

S	H

7700 Gewerbesteuer

S	H

S	8020 Gewinn- und Verlustkonto	H

S	8010 Schlussbilanzkonto	H

96

S	0700 TA und Maschinen	H
242.000,00		

S	2600 Vorsteuer	H

S	0800 Andere Anlagen/BGA	H
88.000,00		

S	2800 Bank	H
142.000,00		

S	2000 Rohstoffe	H
160.000,00		

S	2880 Kasse	H
5.800,00		

S	2020 Hilfsstoffe	H
20.000,00		

S	3000 Eigenkapital	H
		479.800,00

S	2400 Forderungen a. LL	H
98.000,00		

3001 Privat

S	H

4250 Darlehensschulden

S	H
	150.000,00

4400 Verbindlichkeiten a. LL

S	H
	112.600,00

4800 Umsatzsteuer

S	H
	13.400,00

5000 Umsatzerlöse für eigene Erzeugnisse

S	H

5420 Entnahme v. G. u. s. L.

S	H

5710 Zinserträge

S	H

6000 Aufwendungen für Rohstoffe

S	H

6020 Aufwendungen für Hilfsstoffe

S	H

6160 Fremdinstandhaltung

S	H

6300 Gehälter

S	H

6520 Abschreibungen auf Sachanlagen

S	H

6700 Mietaufwendungen

S	H

6820 Portokosten

S	H

6870 Werbung

S	H

7510 Zinsaufwendungen

S	H

8020 Gewinn- und Verlustkonto

S	H

8010 Schlussbilanzkonto

S	H

98

S	2400 Forderungen a. LL	H
	77.350,00	

S	5000 Umsatzerlöse für eigene Erzeugnisse	H

S	10001 Möbelgroßhandel Hein e. K.	H

S	4800 Umsatzsteuer	H

S	10002 Möbelcenter MC	H

S	2800 Bank	H
	109.500,00	

Kunden-Saldenliste

Konto-Nr.	Kunden	Salden
Summe		

99

S	2000 Rohstoffe	H

S	4400 Verbindlichkeiten a. LL	H
		111.860,00

S	60001 Holzwerke GmbH	H

S	2600 Vorsteuer	H

S	60002 Furnierwerke AG	H

S	2800 Bank	H
	167.000,00	

Lieferanten-Saldenliste

Konto-Nr.	Lieferanten	Salden
Summe		

Grundbuch (Journal)

AR (Ausgangsrechnung)
KA (Kontoauszug)
KB (Kassenbeleg)
ME (Materialentnahmeschein)
ER (Eingangsrechnung)
PE (Privatentnahmebeleg)
SB (Sonstige Belege)

Datum	Beleg	Buchungstext	Kontierung		Betrag	
			Soll	Haben	Soll	Haben

Fortsetzung von Übung 101 (Grundbuch)

Datum	Beleg	Buchungstext	Kontierung		Betrag	
			Soll	Haben	Soll	Haben

Hauptbuch

S 0700 TA und Maschinen H

S	H
156.000,00	8.500,00

S 0800 Andere Anlagen/BGA H

S	H
62.000,00	4.500,00

S 2000 Rohstoffe H

S	H
189.000,00	

S 2400 Forderungen a. LL H

S	H
810.750,00	719.380,00

S 2600 Vorsteuer H

S	H
99.586,50	83.640,00

S 2800 Bank H

S	H
782.220,00	646.070,00

S 2850 Postbankguthaben H

S	H
69.343,00	14.000,00

S 2880 Kasse H

S	H
28.940,00	21.150,00

S 3000 Eigenkapital H

S	H
	429.000,00

S 3001 Privat H

S	H
40.000,00	

S 4400 Verbindlichkeiten a. LL H

S	H
525.000,00	624.880,00

S 4800 Umsatzsteuer H

S	H
91.048,00	150.907,50

S 5000 Umsatzerlöse für eigene Erzeugnisse H

S	H
	780.150,00

5420 Entnahme v. G. u. s. L.

S	H
	14.100,00

6800 Aufwendungen für Kommunikation

S	H
35.320,00	

6000 Aufwendungen für Rohstoffe

S	H
460.000,00	

8020 Gewinn- und Verlustkonto

S	H

62 – 64 Personalkosten

S	H
102.000,00	

8010 Schlussbilanzkonto

S	H

6520 Abschreibungen auf Sachanlagen

S	H

6700 Mietaufwendungen

S	H
45.070,00	

Schlussbilanz

Aktiva			Passiva

Kontokorrentbuch (Personenkonten)

Kundenkonten:

S **10000 F. Walter e. Kffr., Leverkusen** H

17. Dez.		344.500,00	17. Dez.		322.400,00

S **10001 Kühn KG, Köln** H

17. Dez.		241.250,00	17. Dez.		221.400,00

S **10002 R. Schulze e. Kfm., Bergheim** H

17. Dez.		225.000,00	17. Dez.		175.580,00

Lieferantenkonten:

S **60000 M. Blau e. K., Rheine** H

17. Dez.		189.400,00	17. Dez.		224.600,00

S **60001 S. Schneider e. K., Emsdetten** H

17. Dez.		180.200,00	17. Dez.		215.800,00

S **60002 Weber GmbH, Soest** H

17. Dez.		155.400,00	17. Dez.		184.480,00

Saldenliste der Kundenkonten	Soll	Haben	Salden
Summe			

Saldenliste der Lieferantenkonten	Soll	Haben	Salden
Summe			

Grundbuch (Journal)

AR (Ausgangsrechnung)
KA (Kontoauszug)
KB (Kassenbeleg)
ME (Materialentnahmeschein)
ER (Eingangsrechnung)
PE (Privatentnahmebeleg)
SB (SonstigeBelege)

Datum	Beleg	Buchungstext	Kontierung		Betrag	
			Soll	Haben	Soll	Haben

Fortsetzung von Übung 104 (Grundbuch)

Datum	Beleg	Buchungstext	Kontierung		Betrag	
			Soll	Haben	Soll	Haben

Hauptbuch

S	0700 Technische Anlagen und Maschinen	H
886.900,00		

S	0800 Andere Anlagen/BGA	H
278.000,00		

S	2000 Rohstoffe	H
120.000,00		

S	2020 Hilfsstoffe	H
28.000,00		

S	2030 Betriebsstoffe	H
48.000,00		

S	2100 Unfertige Erzeugnisse	H
28.000,00		

S	2200 Fertige Erzeugnisse	H
69.000,00		

S	2400 Forderungen a. LL	H
74.018,00		

S	2600 Vorsteuer	H
61.200,00		

S	2810 Nürnberger Kreditbank	H
312.975,00		

S	2840 Handelsbank AG Nürnberg	H
28.100,00		

S	2880 Kasse	H
21.000,00		

S	3000 Eigenkapital	H
		922.000,00

S	3001 Privat	H
84.000,00		

4250 Darlehensschulden

S	H
	342.930,00

4400 Verbindlichkeiten a. LL

S	H
	104.363,00

4800 Umsatzsteuer

S	H
	267.900,00

5000 Umsatzerlöse für eigene Erzeugnisse

S	H
	1.400.000,00

5200 Bestandsveränderungen

S	H

5420 Entnahme v. G. u. s. L.

S	H
	10.000,00

5430 Andere sonstige betriebliche Erträge

S	H
	18.000,00

5710 Zinserträge

S	H
	42.000,00

6000 Aufwendungen für Rohstoffe

S	H
540.000,00	

6020 Aufwendungen für Hilfsstoffe

S	H
60.000,00	

6030 Aufwendungen für Betriebsstoffe

S	H
15.000,00	

6160 Fremdinstandhaltung

S	H
88.000,00	

6200 Löhne

S	H
186.000,00	

6300 Gehälter

S	H
145.000,00	

6520 Abschreibungen auf Sachanlagen

S	H

6820 Portokosten

S	H
3.600,00	

6830 Kosten der Telekommunikation

S	H
6.400,00	

6850 Reisekosten

S	H
2.000,00	

7510 Zinsaufwendungen

S	H
22.000,00	

S	8020 Gewinn- und Verlustkonto H

S	8010 Schlussbilanzkonto H

Kontokorrentbuch (Personenkonten)

Kundenkonten (Debitoren):

S 10000 Hartmann KG H

Datum	Nr. der Ausgangsrechnung		Datum	AR-Zahlungsausgleich	
.. -12-04	4563	12.614,00			
.. -12-06	4565	5.236,00			

S 10001 Kaufring GmbH H

Datum	Nr. der Ausgangsrechnung		Datum	AR-Zahlungsausgleich	
.. -12-02	4558	1.844,50			
.. -12-04	4564	8.151,50			
.. -12-07	4566	2.201,50			

S 10002 Holzmann OHG H

Datum	Nr. der Ausgangsrechnung		Datum	AR-Zahlungsausgleich	
.. -12-03	4560	892,50			
.. -12-04	4562	34.807,50			

S 10003 Wolfgang Kunde e. Kfm. H

Datum	Nr. der Ausgangsrechnung		Datum	AR-Zahlungsausgleich	
.. -12-02	4559	2.142,00			
.. -12-03	4561	1.130,50			
.. -12-10	4567	4.998,00			

Lieferantenkonten (Kreditoren):

S 60000 Velox GmbH H

Datum	ER-Zahlungsausgleich		Datum	Nr. der Eingangsrechnung	
			.. -12-18	24502	43.911,00

S **60001 Schneider KG** H

Datum	ER-Zahlungsausgleich		Datum	Nr. der Eingangsrechnung	
			.. -12-03	14 678	3.094,00
			.. -12-17	14 701	26.418,00

S **60002 Garne GmbH** H

Datum	ER-Zahlungsausgleich		Datum	Nr. der Eingangsrechnung	
			.. -12-09	1 496	6.842,50
			.. -12-15	1 528	24.097,50

S **60003 Offermann OHG** H

Datum	ER-Zahlungsausgleich		Datum	Nr. der Eingangsrechnung	

S **60004 Walter Schreiber e. K.** H

Datum	ER-Zahlungsausgleich		Datum	Nr. der Eingangsrechnung	

Saldenliste der Kundenkonten	
10000 Hartmann KG	
10001 Kaufring GmbH	
10002 Holzmann OHG	
10003 Wolfgang Kunde e. Kfm.	
Summe	

Saldenliste der Lieferantenkonten	
60000 Velox GmbH	
60001 Schneider KG	
60002 Garne GmbH	
60003 Offermann OHG	
60004 Walter Schreiber e. K.	
Summe	

Bilanzbuch

Aktiva **Schlussbilanz zum 31. Dezember ..** Passiva

111

0700 TA und Maschinen

S	H
370.000,00	

0800 Andere Anlagen/BGA

S	H
180.000,00	

2000 Rohstoffe

S	H
288.528,00	

2020 Hilfsstoffe

S	H
15.600,00	

2100 Unfertige Erzeugnisse

S	H
94.600,00	

2200 Fertige Erzeugnisse

S	H
23.400,00	

2280 Handelswaren

S	H
52.600,00	

2400 Forderungen a. LL

S	H
174.000,00	

2600 Vorsteuer

S	H
186.324,00	

2800 Bank

S	H
256.400,00	

3000 Eigenkapital

S	H
	600.000,00

4400 Verbindlichkeiten a. LL

S	H
	324.800,00

4800 Umsatzsteuer

S	H
	226.252,00

5000 Umsatzerlöse für eigene Erzeugnisse

S	H
	1.130.000,00

5100 Umsatzerlöse für Waren

S	H
	60.800,00

5200 Bestandsveränderungen

S	H

6000 Aufwendungen für Rohstoffe

S	H
420.000,00	

6020 Aufwendungen für Hilfsstoffe

S	H

6080 Aufwendungen für Waren

S	H

6200 Löhne

S	H
280.400,00	

6520 Abschreibungen auf Sachanlagen

S	H

S	8020 Gewinn- und Verlustkonto H

S	8010 Schlussbilanzkonto H

156

S	0700 TA und Maschinen H
285.000,00	

S	2100 Unfertige Erzeugnisse H
18.000,00	

S	0800 Andere Anlagen/BGA H
138.500,00	

S	2200 Fertige Erzeugnisse H
21.500,00	

S	2000 Rohstoffe H
42.000,00	

S	2280 Handelswaren H
6.000,00	

S	2281 Bezugskosten für Handelswaren H

S	2002 Nachlässe für Rohstoffe H

S	2400 Forderungen a. LL H
32.600,00	

S	2020 Hilfsstoffe H
13.000,00	

S **2600 Vorsteuer** H

S **2800 Bank** H

S	H
38.600,00	

S **2880 Kasse** H

S	H
12.800,00	

S **3000 Eigenkapital** H

S	H
	564.000,00

S **3001 Privat** H

S **4400 Verbindlichkeiten a. LL** H

S	H
	44.000,00

S **4800 Umsatzsteuer** H

S **5000 Umsatzerlöse für eigene Erzeugnisse** H

S **5100 Umsatzerlöse für Waren** H

S **5101 Erlösberichtigungen** H

S **5200 Bestandsveränderungen** H

S **5420 Entnahme v. G. u. s. L.** H

S **6000 Aufwendungen für Rohstoffe** H

S **6020 Aufwendungen für Hilfsstoffe** H

S **6080 Aufwendungen für Waren** H

S **6140 Frachten und Fremdlager** H

S **6160 Fremdinstandhaltung** H

S **6200 Löhne** H

S **6520 Abschreibungen auf Sachanlagen** H

S **6700 Mietaufwendungen** H

S	8020 Gewinn- und Verlustkonto	H

S	8010 Schlussbilanzkonto	H

157

S	0700 TA und Maschinen	H
	123.000,00	

S	0800 Andere Anlagen/BGA	H
	65.000,00	

S	2000 Rohstoffe	H
	80.000,00	

S	2200 Fertige Erzeugnisse	H
	20.000,00	

S	2400 Forderungen a. LL	H
	155.426,00	

S	2600 Vorsteuer	H
	179.898,00	

S	2800 Bank	H
	158.380,00	

S	3000 Eigenkapital	H
		300.000,00

S	3001 Privat	H
	76.000,00	

4400 Verbindlichkeiten a. LL

S	H
	104.410,00

4800 Umsatzsteuer

S	H
	277.894,00

5000 Umsatzerlöse für eigene Erzeugnisse

S	H
	1.535.000,00

5001 Erlösberichtigungen

S	H
72.400,00	

5200 Bestandsveränderungen

S	H

6000 Aufwendungen für Rohstoffe

S	H
919.200,00	

6001 Bezugskosten

S	H
18.800,00	

6002 Nachlässe

S	H
	31.200,00

6520 Abschreibungen auf Sachanlagen

S	H

7800 Diverse Aufwendungen

S	H
380.400,00	

8020 Gewinn- und Verlustkonto

S	H

8010 Schlussbilanzkonto

S	H

162

0700 TA und Maschinen

S	H
400.000,00	

0800 Andere Anlagen/BGA

S	H
60.000,00	

2000 Rohstoffe

S	H
50.000,00	

2020 Hilfsstoffe

S	H
20.000,00	

2100 Unfertige Erzeugnisse

S	H
10.000,00	

2200 Fertige Erzeugnisse

S	H
30.000,00	

2400 Forderungen a. LL

S	H
29.000,00	

2600 Vorsteuer

S	H

2800 Bank

S	H
68.000,00	

2880 Kasse

S	H
3.000,00	

3000 Eigenkapital

S	H
	470.000,00

3001 Privat

S	H

4250 Darlehensschulden

S	H
	145.000,00

4400 Verbindlichkeiten a. LL

S	H
	55.000,00

Fortsetzung von Übung 162

S **4800 Umsatzsteuer** H

S **5000 Umsatzerlöse für eigene Erzeugnisse** H

S **5001 Erlösberichtigungen** H

S **5200 Bestandsveränderungen** H

S **5420 Entnahme v. G. u. s. L.** H

S **5710 Zinserträge** H

S **6000 Aufwendungen für Rohstoffe** H

S **6001 Bezugskosten für Rohstoffe** H

S **6002 Nachlässe für Rohstoffe** H

S **6020 Aufwendungen für Hilfsstoffe** H

S **6021 Bezugskosten für Hilfsstoffe** H

S **6022 Nachlässe für Hilfsstoffe** H

S **6200 Löhne** H

S **6520 Abschreibungen auf Sachanlagen** H

S **6700 Mietaufwendungen** H

S **8020 Gewinn- und Verlustkonto** H

S **8010 Schlussbilanzkonto** H

S	0700 TA und Maschinen	H
200.000,00		

S	0800 Andere Anlagen/BGA	H
110.000,00		

S	2000 Rohstoffe	H
97.500,00		

S	2100 Unfertige Erzeugnisse	H
35.900,00		

S	2200 Fertige Erzeugnisse	H
90.600,00		

S	2280 Handelswaren	H
34.800,00		

S	2400 Forderungen a. LL	H
229.161,00		

S	2600 Vorsteuer	H
130.338,00		

S	2800 Bankguthaben	H
283.000,00		

S	3000 Eigenkapital	H
		700.000,00

S	4400 Verbindlichkeiten a. LL	H
		200.340,00

S	4800 Umsatzsteuer	H
		202.559,00

S	5000 Umsatzerlöse für eigene Erzeugnisse	H
		997.000,00

S	5001 Erlösberichtigungen	H
15.900,00		

S	5100 Umsatzerlöse für Handelswaren	H
		85.000,00

S	5200 Bestandsveränderungen	H

S	6000 Aufwendungen für Rohstoffe H
578.000,00	

S	6001 Bezugskosten H
16.600,00	

S	6002 Nachlässe H
	12.900,00

S	6080 Aufwendungen für Handelswaren H
74.000,00	

S	6200 Löhne H
206.000,00	

S	6520 Abschreibungen auf Sachanlagen H

S	6700 Mietaufwendungen H
96.000,00	

S	8020 Gewinn- und Verlustkonto H

S	8010 Schlussbilanz H

215

S	0510 Bebaute Grundstücke	H
180.000,00		

S	0530 Betriebsgebäude	H
420.000,00		

S	0700 TA und Maschinen	H
160.000,00		

S	0800 Andere Anlagen/BGA	H
87.000,00		

S	2000 Rohstoffe	H
200.000,00		

S	2200 Fertige Erzeugnisse	H
10.000,00		

S	2400 Forderungen a. LL	H
87.000,00		

S	2600 Vorsteuer	H

S	2640 SV-Vorauszahlung	H

S	2650 Forderungen an Mitarbeiter	H
12.000,00		

S	2800 Bankguthaben	H
95.000,00		

S	3000 Eigenkapital	H
		721.000,00

S	3001 Privat	H

S	4250 Darlehensschulden	H
		380.000,00

S	4400 Verbindlichkeiten a. LL	H
		131.080,00

S	4800 Umsatzsteuer	H
		12.000,00

S	4830 FB-Verbindlichkeiten	H
		6.920,00

5000 Umsatzerlöse für eigene Erzeugnisse

S	H

5200 Bestandsveränderungen

S	H

5420 Entnahme v. G. u. s. L.

S	H

5710 Zinserträge

S	H

6000 Aufwendungen für Rohstoffe

S	H

6200 Löhne

S	H

6300 Gehälter

S	H

6400 Arbeitgeberanteil zur Sozialversicherung

S	H

6420 Beiträge zur Berufsgenossenschaft

S	H

6520 Abschreibungen auf Sachanlagen

S	H

7510 Zinsaufwendungen

S	H

8020 Gewinn- und Verlustkonto

S	H

8010 Schlussbilanzkonto

S	H

216

0510 Bebaute Grundstücke

S	H
100.000,00	

0530 Betriebsgebäude

S	H
320.000,00	

0700 TA und Maschinen

S	H
260.000,00	

0800 Andere Anlagen/BGA

S	H
120.000,00	

2000 Rohstoffe

S	H
47.000,00	

2020 Hilfsstoffe

S	H

2100 Unfertige Erzeugnisse

S	H
5.000,00	

2200 Fertige Erzeugnisse

S	H
6.000,00	

2400 Forderungen a. LL

S	H
22.000,00	

2600 Vorsteuer

S	H

2640 SV-Vorauszahlung

S	H

2650 Forderungen an Mitarbeiter

S	H

2800 Bank

S	H
45.000,00	

2880 Kasse

S	H
15.000,00	

3000 Eigenkapital

S	H
	740.000,00

4250 Darlehensschulden

S	H
	150.000,00

4400 Verbindlichkeiten a. LL

S	H
	46.000,00

4800 Umsatzsteuer

S	H
	4.000,00

4830 Sonstige FB-Verbindlichkeiten

S	H

5000 Umsatzerlöse für eigene Erzeugnisse

S	H

5001 Erlösberichtigungen

S	H

5200 Bestandsveränderungen

S	H

S	5081 Mieterträge	H

S	5710 Zinserträge	H

S	6000 Aufwendungen für Rohstoffe	H

S	6002 Nachlässe für Rohstoffe	H

S	6020 Aufwendungen für Hilfsstoffe	H

S	6200 Löhne	H

S	6300 Gehälter	H

S	6400 Arbeitgeberanteil zur Sozialversicherung	H

S	6520 Abschreibungen auf Sachanlagen	H

S	6800 Büromaterial	H

S	6930 Verluste aus Schadensfällen	H

S	7020 Grundsteuer	H

S	8020 Gewinn- und Verlustkonto	H

S	8010 Schlussbilanzkonto	H

217

S	0700 TA und Maschinen	H
	850.000,00	

S	2000 Rohstoffe	H
	118.000,00	

S	0800 Andere Anlagen/BGA	H
	240.000,00	

S	2020 Hilfsstoffe	H
	17.000,00	

Fortsetzung von Übung 217

2100 Unfertige Erzeugnisse

S	H
15.000,00	

2200 Fertige Erzeugnisse

S	H
34.000,00	

2400 Forderungen a. LL

S	H
285.000,00	

2600 Vorsteuer

S	H
360.692,00	

2640 SV-Vorauszahlung

S	H

2650 Forderungen an Mitarbeiter

S	H
2.500,00	

2800 Bank

S	H
312.500,00	

3000 Eigenkapital

S	H
	1.100.000,00

3001 Privat

S	H
65.000,00	

4250 Darlehensschulden

S	H
	310.500,00

4400 Verbindlichkeiten a. LL

S	H
	160.400,00

4800 Umsatzsteuer

S	H
	356.592,00

4830 FB-Verbindlichkeiten

S	H

5000 Umsatzerlöse für eigene Erzeugnisse

S	H
	1.884.100,00

5001 Erlösberichtigungen

S	H
25.700,00	

5200 Bestandsveränderungen

S	H

5420 Entnahme v. G. u. s. L.

S	H
	18.400,00

5710 Zinserträge

S	H
	6.800,00

6000 Aufwendungen für Rohstoffe

S	H
890.000,00	

6001 Bezugskosten

S	H
24.600,00	

6002 Nachlässe

S	H
	15.700,00

6020 Aufwendungen für Hilfsstoffe

S	H
98.500,00	

6150 Vertriebsprovisionen

S	H
24.800,00	

6200 Löhne

S	H
180.700,00	

6300 Gehälter

S	H
124.700,00	

6400 Arbeitgeberanteil zur Sozialversicherung

S	H
42.600,00	

6420 Beiträge zur Berufsgenossenschaft

S	H
24.900,00	

6520 Abschreibungen auf Sachanlagen

S	H

6700 Mietaufwendungen

S	H
90.000,00	

7510 Zinsaufwendungen

S	H
26.300,00	

8020 Gewinn- und Verlustkonto

S	H

8010 Schlussbilanzkonto

S	H

254

0500 Unbebaute Grundstücke

S	H
150.000,00	

0530 Betriebsgebäude

S	H
510.000,00	

0700 TA und Maschinen

S	H
78.000,00	

0800 Andere Anlagen/BGA

S	H
95.000,00	

2000 Rohstoffe

S	H
265.000,00	

2100 Unfertige Erzeugnisse

S	H
40.000,00	

2200 Fertige Erzeugnisse

S	H
10.000,00	

2400 Forderungen a. LL

S	H
98.000,00	

2600 Vorsteuer

S	H

2640 SV-Vorauszahlung

S	H

2650 Forderungen an Mitarbeiter

S	H
15.000,00	

2800 Bankguthaben

S	H
205.000,00	

3000 Eigenkapital

S	H
	900.000,00

3001 Privat

S	H

4250 Darlehensschulden

S	H
	410.000,00

4400 Verbindlichkeiten a. LL

S	H
	150.000,00

4800 Umsatzsteuer

S	H
	4.300,00

4830 FB-Verbindlichkeiten

S	H
	1.700,00

5000 Umsatzerlöse für eigene Erzeugnisse

S	H

S	5200 Bestandsveränderungen H

S	5420 Entnahme v. G. u. s. L. H

S	5710 Zinserträge H

S	6000 Aufwendungen für Rohstoffe H

S	6300 Gehälter H

S	6400 Arbeitgeberanteil zur Sozialversicherung H

S	6520 Abschreibungen auf Sachanlagen H

S	6700 Mietaufwendungen H

S	6770 Rechts- und Beratungskosten H

S	7020 Grundsteuer H

S	7030 Kraftfahrzeugsteuer H

S	7510 Zinsaufwendungen H

S	7700 Gewerbesteuer H

S	8020 Gewinn- und Verlustkonto H

S	8010 Schlussbilanzkonto H

262

S	0700 TA und Maschinen H
280.000,00	

S	0800 Andere Anlagen/BGA H
174.000,00	

S	2000 Rohstoffe H
180.600,00	

S	2020 Hilfsstoffe H
82.400,00	

S	2100 Unfertige Erzeugnisse H
14.000,00	

S	2200 Fertige Erzeugnisse H
32.000,00	

Fortsetzung von Übung 262

2400 Forderungen a. LL

S	H
133.200,00	

2600 Vorsteuer

S	H

2640 SV-Vorauszahlung

S	H

2800 Bank

S	H
39.400,00	

2880 Kasse

S	H
4.600,00	

3000 Eigenkapital

S	H
	600.000,00

3001 Privat

S	H

4250 Darlehensschulden

S	H
	270.000,00

4400 Verbindlichkeiten a. LL

S	H
	70.200,00

4800 Umsatzsteuer

S	H

4830 Sonstige FA-Verbindlichkeiten

S	H

5000 Umsatzerlöse für eigene Erzeugnisse

S	H

5001 Erlösberichtigungen

S	H

5200 Bestandsveränderungen

S	H

5300 Aktivierte Eigenleistungen

S	H

5420 Entnahme v. G. u. s. L.

S	H

5710 Zinserträge

S	H

6000 Aufwendungen für Rohstoffe

S	H

6002 Nachlässe für Rohstoffe

S	H

6020 Aufwendungen für Hilfsstoffe

S	H

6200 Löhne

S	H

6400 Arbeitgeberanteil zur Sozialversicherung

S	H

6520 Abschreibungen auf Sachanlagen

S	H

7510 Zinsaufwendungen

S	H

8020 Gewinn- und Verlustkonto

S	H

8010 Schlussbilanzkonto

S	H

290

S	0500 Unbebaute Grundstücke H
280.000,00	

S	0510 Bebaute Grundstücke H
200.000,00	

S	0530 Betriebsgebäude H
780.000,00	

S	0700 Technische Anlagen und Maschinen H
675.000,00	

S	0800 Andere Anlagen/BGA H
280.000,00	

S	0891 GWG-Sammelposten H
6.000,00	

S	2000 Rohstoffe H
155.600,00	

S	2200 Fertige Erzeugnisse H
33.325,00	

S	2400 Forderungen a. LL H
197.635,00	

S	2600 Vorsteuer H
101.580,00	

S	2800 Bank H
158.200,00	

S	2880 Kasse H
6.800,00	

S	3000 Eigenkapital H
	1.300.000,00

S	3001 Privat H
62.000,00	

S	4250 Darlehnsschulden H
	568.475,00

S	4400 Verbindlichkeiten a. LL H
	230.200,00

S	4800 Umsatzsteuer H
	259.065,00

S	5000 Umsatzerlöse für eigene Erzeugnisse H
	1.350.000,00

5001 Erlösberichtigungen

S	H
12.000,00	

5081 Mieterträge

S	H
	22.600,00

5200 Bestandsveränderungen

S	H

5420 Entnahme v. G. u. s. L.

S	H
	25.500,00

5430 Andere sonstige betriebliche Erträge

S	H
	14.800,00

6000 Aufwendungen für Rohstoffe

S	H
420.000,00	

6001 Bezugskosten

S	H
3.000,00	

6002 Nachlässe

S	H
	18.500,00

6520 Abschreibungen auf Sachanlagen

S	H

6541 Abschreibungen auf GWG-Sammelposten

S	H

6550 Außerplanmäßige Abschreibungen auf SA

S	H

6900 Versicherungsbeiträge

S	H
22.000,00	

7510 Zinsaufwendungen

S	H
36.000,00	

7800 Diverse Aufwendungen

S	H
360.000,00	

8020 Gewinn- und Verlustkonto

S	H

8010 Schlussbilanzkonto

S	H

325

0700 Technische Anlagen und Maschinen

S	H
1.260.000,00	

0800 Andere Anlagen/BGA

S	H
400.000,00	

0891 GWG-Sammelposten

S	H
8.600,00	

2000 Rohstoffe

S	H
95.000,00	

2400 Forderungen a. LL

S	H
190.760,00	

2600 Vorsteuer

S	H
154.380,00	

2800 Bank

S	H
339.200,00	

2880 Kasse

S	H
7.400,00	

2900 Aktive Rechnungsabgrenzung

S	H

3000 Eigenkapital

S	H
	900.000,00

3001 Privat

S	H
88.700,00	

3900 Sonstige Rückstellungen

S	H
	10.000,00

4250 Darlehensschulden

S	H
	133.600,00

4400 Verbindlichkeiten a. LL

S	H
	170.000,00

4800 Umsatzsteuer

S	H
	375.440,00

4890 Sonstige Verbindlichkeiten

S	H
	110.000,00

4900 Passive Rechnungsabgrenzung

S	H

5000 Umsatzerlöse für eigene Erzeugnisse

S	H
	1.976.000,00

S	5420 Entnahme v. G. u. s. L.	H

S	5710 Zinserträge	H
		4.000,00

S	6000 Aufwendungen für Rohstoffe	H
626.000,00		

S	6160 Fremdinstandhaltung	H
8.000,00		

S	6520 Planmäßige Abschreibungen auf Sachanlagen	H

S	6541 Abschreibungen auf GWG-Sammelposten	H

S	6550 Außerplanmäßige Abschreibungen auf SA	H

S	6700 Mietaufwendungen	H
145.300,00		

S	6770 Rechts- und Beratungskosten	H
14.000,00		

S	6940 Sonstige Aufwendungen	H
16.000,00		

S	7510 Zinsaufwendungen	H
46.400,00		

S	7800 Diverse Aufwendungen	H
279.300,00		

S	8020 Gewinn- und Verlustkonto	H

S	8010 Schlussbilanzkonto	H

348

0700 TA und Maschinen

S	H
1.260.000,00	

0800 Andere Anlagen/BGA

S	H
340.000,00	

0891 GWG-Sammelposten

S	H
10.600,00	

2000 Rohstoffe

S	H
95.000,00	

2100 Unfertige Erzeugnisse

S	H
78.300,00	

2200 Fertige Erzeugnisse

S	H
41.000,00	

2400 Forderungen a. LL

S	H
437.160,00	

2600 Vorsteuer

S	H
165.080,00	

2800 Bank

S	H
348.500,00	

2880 Kasse

S	H
10.400,00	

2900 Aktive Rechnungsabgrenzung

S	H

3000 Eigenkapital

S	H
	1.100.000,00

3001 Privat

S	H
88.700,00	

3900 Sonstige Rückstellungen

S	H
	10.000,00

4250 Darlehensschulden

S	H
	280.000,00

4400 Verbindlichkeiten a. LL

S	H
	170.000,00

4800 Umsatzsteuer

S	H
	375.440,00

4890 Sonstige Verbindlichkeiten

S	H
	110.000,00

4900 Passive Rechnungsabgrenzung

S	H

5000 Umsatzerlöse für eigene Erzeugnisse

S	H
	1.976.000,00

S	**5200 Bestandsveränderungen** H

S	**5420 Entnahme v. G. u. s. L.** H

S	**5710 Zinserträge** H
	4.000,00

S	**6000 Aufwendungen für Rohstoffe** H
626.000,00	

S	**6160 Fremdinstandhaltung** H
8.000,00	

S	**6520 Abschreibungen auf Sachanlagen** H

S	**6541 Abschreibungen auf GWG-Sammelposten** H

S	**6550 Außerplanmäßige AfA auf Sachanlagen** H

S	**6700 Mietaufwendungen** H
120.300,00	

S	**6770 Rechts- und Beratungskosten** H
14.000,00	

S	**6940 Sonstige Aufwendungen** H
16.000,00	

S	**7510 Zinsaufwendungen** H
46.400,00	

S	**7800 Diverse Aufwendungen** H
320.000,00	

S	**8020 Gewinn- und Verlustkonto** H

S	**8010 Schlussbilanzkonto** H

358

2400 Forderungen a. LL

S	H
530.740,00	

3670 EWB zu Forderungen

S	H
	6.000,00

3800 Steuerrückstellungen

S	H

4800 Umsatzsteuer

S	H
	45.000,00

5450 Erträge a. d.A. o.H. v. WB a. Ford.

S	H
	5.000,00

5480 Erträge aus der Aufl. von Rückständen

S	H

6951 Abschreibungen auf Forderungen

S	H
14.000,00	

7700 Gewerbesteuer

S	H
22.000,00	

8020 GuV-Konto (Auszug)

S	H

2470 Zweifelhafte Forderungen

S	H

2800 Bank

S	H

3680 Pauschal-WB zu Forderungen

S	H
	24.000,00

3900 Sonstige Rückstellungen

S	H
	35.000,00

4890 Sonstige Verbindlichkeiten

S	H
	26.000,00

5455 Erträge aus abgeschr. Ford.

S	H

6700 Mietaufwendungen

S	H
33.000,00	

6952 Einstellung in Einzel-WB

S	H

8010 SBK (Auszug)

S	H

395

0700 TA und Maschinen

S	H
620.000,00	

0800 Andere Anlagen/BGA

S	H
360.000,00	

2000 Rohstoffe

S	H
280.000,00	

2200 Fertige Erzeugnisse

S	H
15.000,00	

2400 Forderungen a. LL

S	H
348.480,00	

2600 Vorsteuer

S	H
128.090,00	

2690 Sonstige Forderungen

S	H
2.000,00	

2800 Bank

S	H
328.000,00	

3000 Kapital M. Gruppe

S	H
	400.000,00

3001 Privat M. Gruppe

S	H
83.000,00	

3010 Kapital S. Krüger

S	H
	200.000,00

3011 Privat S. Krüger

S	H
79.000,00	

3900 Sonstige Rückstellungen

S	H
	15.500,00

4250 Darlehensschulden

S	H
	444.000,00

4400 Verbindlichkeiten a. LL

S	H
	215.000,00

4800 Umsatzsteuer

S	H
	285.570,00

4890 Sonstige Verbindlichkeiten

S	H
	17.500,00

5000 Umsatzerlöse für eigene Erzeugnisse

S	H
	1.511.000,00

5001 Erlösberichtigungen

S	H
8.000,00	

5200 Bestandsveränderungen

S	H

5480 Erträge aus der Auflösung von Rückstellungen

S	H
	5.000,00

5710 Zinserträge

S	H
	6.000,00

6000 Aufwendungen für Rohstoffe

S	H
460.000,00	

6001 Bezugskosten

S	H
10.000,00	

6002 Nachlässe

S	H
	6.000,00

6520 Abschreibungen auf Sachanlagen

S	H

6700 Mietaufwendungen

S	H
120.000,00	

6930 Verluste aus Schadensfällen

S	H
19.000,00	

7510 Zinsaufwendungen

S	H
25.000,00	

7800 Diverse Aufwendungen

S	H
220.000,00	

8020 Gewinn- und Verlustkonto

S	H

8010 Schlussbilanzkonto

S	H

Schlussbilanz

Aktiva	Passiva

397

0510 Bebaute Grundstücke

S	H
180.000,00	

0530 Betriebsgebäude

S	H
800.000,00	

0700 TA und Maschinen

S	H
780.000,00	

0800 Andere Anlagen/BGA

S	H
260.000,00	

2000 Rohstoffe

S	H
260.000,00	

2002 Nachlässe

S	H
	8.000,00

2200 Fertige Erzeugnisse

S	H
60.000,00	

2400 Forderungen a. LL

S	H
434.350,00	

2600 Vorsteuer

S	H
134.000,00	

2690 Sonstige Forderungen

S	H
16.000,00	

2800 Bank

S	H
293.000,00	

2880 Kasse

S	H
12.000,00	

2900 Aktive Rechnungsabgrenzung

S	H

3000 Kapital Vollhafter P. von Raupach

S	H
	900.000,00

3001 Privat P. von Raupach

S	H
70.000,00	

3070 Kapital Teilhafter M. Breuer

S	H
	300.000,00

3680 Pauschalwertberichtigung zu Forderungen

S	H
	6.000,00

3900 Sonstige Rückstellungen

S	H
	5.000,00

4250 Darlehensschulden

S	H
	650.000,00

4400 Verbindlichkeiten a. LL

S	H
	307.000,00

4800 Umsatzsteuer

S	H
	316.350,00

4870 Verbindlichkeiten gegenüber Gesellschaftern

S	H

4890 Sonstige Verbindlichkeiten

S	H
	95.000,00

4900 Passive Rechnungsabgrenzung

S	H

5000 Umsatzerlöse für eigene Erzeugnisse

S	H
	1.675.000,00

5001 Erlösberichtigungen

S	H
15.000,00	

5200 Bestandsveränderungen

S	H

5081 Mieterträge

S	H
	14.000,00

5420 Entnahme v. G. u. s. L. P. von Raupach

S	H
	5.000,00

6000 Aufwendungen für Rohstoffe

S	H
220.000,00	

6160 Fremdinstandhaltung

S	H
10.000,00	

6520 Abschreibungen auf Sachanlagen

S	H

6550 Außerplanmäßige Abschreibungen auf SA

S	H

6900 Versicherungsbeiträge

S	H
15.000,00	

6951 Abschreibungen auf Forderungen

S	H
8.000,00	

6953 Einstellung in PWB

S	H

6940 Sonstige Aufwendungen

S	H
16.000,00	

7510 Zinsaufwendungen

S	H
28.000,00	

7800 Diverse Aufwendungen

S	H
670.000,00	

8020 Gewinn- und Verlustkonto

S	H

8010 Schlussbilanzkonto

S	H

S	0700 TA und Maschinen	H
680.000,00		

S	0800 Andere Anlagen/BGA	H
280.000,00		

S	1500 Wertpapiere des Anlagevermögens	H
40.000,00		

S	2000 Rohstoffe	H
240.000,00		

S	2200 Fertige Erzeugnisse	H
120.000,00		

S	2400 Forderungen a. LL	H
460.000,00		

S	2600 Vorsteuer	H
131.880,00		

S	2800 Bank	H
424.360,00		

S	2880 Kasse	H
27.000,00		

S	2900 Aktive Rechnungsabgrenzung	H

S	3000 Gezeichnetes Kapital	H
		1.000.000,00

S	3240 Gewinnrücklagen	H
		150.000,00

S	3320 Gewinnvortrag	H
		10.000,00

S	3400 Jahresüberschuss	H

S	3900 Sonstige Rückstellungen	H
		58.000,00

S	4250 Darlehensschulden	H
		180.000,00

S	4400 Verbindlichkeiten a. LL	H
		160.000,00

S	4800 Umsatzsteuer	H
		360.240,00

S	4890 Sonstige Verbindlichkeiten	H
		38.000,00

S	5000 Umsatzerlöse für eigene Erzeugnisse	H
		1.896.000,00

S	5200 Bestandsveränderungen	H

5430 Sonstige betriebliche Erträge

S	H
	40.000,00

5480 Erträge a. d. Auflösung von Rückstellungen

S	H

5710 Zinserträge

S	H
	2.000,00

6000 Aufwendungen für Rohstoffe

S	H
770.000,00	

62 – 64 Personalaufwendungen

S	H
360.000,00	

6520 Abschreibungen auf Sachanlagen

S	H

6700 Mietaufwendungen

S	H
160.000,00	

6770 Rechts- und Beratungskosten

S	H
15.000,00	

6900 Versicherungsbeiträge

S	H
20.000,00	

6940 Sonstige Aufwendungen

S	H
24.000,00	

6951 Abschreibungen auf Forderungen

S	H

7510 Zinsaufwendungen

S	H
22.000,00	

7700 Gewerbesteuer

S	H
60.000,00	

7710 Körperschaftsteuer

S	H
60.000,00	

8020 Gewinn- und Verlustkonto

S	H

8010 Schlussbilanzkonto

S	H

Grundbuch (Journal)

AR (Ausgangsrechnung)
KA (Kontoauszug)
KB (Kassenbeleg)
ER (Eingangsrechnung)
PE (Privatentnahmebeleg)
SB (Sonstige Belege)

Datum	Beleg	Buchungstext	Kontierung		Betrag	
			Soll	Haben	Soll	Haben

Fortsetzung von Übung 415 (Grundbuch)

Datum	Beleg	Buchungstext	Kontierung		Betrag	
			Soll	Haben	Soll	Haben

Hauptbuch

0700 TA und Maschinen

S	H
912.280,00	

0800 Andere Anlagen/BGA

S	H
230.000,00	

2000 Rohstoffe

S	H
85.000,00	

2020 Hilfsstoffe

S	H
12.000,00	

2100 Unfertige Erzeugnisse

S	H
25.000,00	

2200 Fertige Erzeugnisse

S	H
30.000,00	

2400 Forderungen a. LL

S	H
119.000,00	

2600 Vorsteuer

S	H
71.460,00	

2640 SV-Vorauszahlung

S	H

2650 Forderungen an Mitarbeiter

S	H
5.800,00	

2800 Bank

S	H
221.600,00	

2880 Kasse

S	H
18.540,00	

2900 Aktive Rechnungsabgrenzung

S	H

3000 Eigenkapital

S	H
	720.000,00

3001 Privat

S	H
93.400,00	

3900 Sonstige Rückstellungen

S	H
	45.400,00

4250 Darlehensschulden

S	H
	283.200,00

4400 Verbindlichkeiten a. LL

S	H
	160.412,00

4800 Umsatzsteuer

S	H
	259.768,00

4830 FB-Verbindlichkeiten

S	H

4890 Sonstige Verbindlichkeiten

S	H
	45.600,00

5000 Umsatzerlöse für eigene Erzeugnisse

S	H
	1.385.000,00

5001 Erlösberichtigungen

S	H
22.600,00	

5200 Bestandsveränderungen

S	H

5420 Entnahme v. G. u. s. L.

S	H
	4.800,00

6000 Aufwendungen für Rohstoffe

S	H
364.800,00	

6001 Bezugskosten

S	H
12.400,00	

6002 Nachlässe

S	H
	8.700,00

6020 Aufwendungen für Hilfsstoffe

S	H
78.000,00	

6160 Fremdinstandhaltung

S	H
16.600,00	

6200 Löhne

S	H
152.000,00	

6300 Gehälter

S	H
90.400,00	

6400 Soziale Abgaben

S	H
44.600,00	

6520 Abschreibungen auf Sachanlagen

S	H

6700 Mietaufwendungen

S	H
260.000,00	

6750 Kosten des Geldverkehrs

S	H
300,00	

6800 Büromaterial

S	H
5.500,00	

6820 Portokosten

S	H
3.400,00	

6830 Kosten der Telekommunikation

S	H
6.200,00	

7510 Zinsaufwendungen

S	H
32.000,00	

S	8020 Gewinn- und Verlustkonto	H

S	8010 Schlussbilanzkonto	H

Kontokorrentbuch (Personenkonten)

Kundenkonten (Debitoren):

S — **10001 Karlsmann AG** — H

Datum	Nr. der Ausgangsrechnung		Datum	AR-Zahlungsausgleich	
.. -12-10	1 298	14.875,00			
.. -12-16	1 305	833,00			
.. -12-18	1 313	8.092,00			

S — **10002 Gruppe OHG** — H

Datum	Nr. der Ausgangsrechnung		Datum	AR-Zahlungsausgleich	
.. -12-21	1 315	11.900,00			
.. -12-23	1 317	41.650,00			

S — **10003 Heinrichs OHG** — H

Datum	Nr. der Ausgangsrechnung		Datum	AR-Zahlungsausgleich	
.. -12-21	1 316	5.950,00			
.. -12-23	1 318	11.900,00			

S — **10004 Hilgendorf KG** — H

Datum	Nr. der Ausgangsrechnung		Datum	AR-Zahlungsausgleich	
.. -12-12	1 301	2.380,00			
.. -12-21	1 314	11.900,00			

S — **10005 Busch OHG** — H

Datum	Nr. der Ausgangsrechnung		Datum	AR-Zahlungsausgleich	
.. -12-10	1 299	2.142,00			
.. -12-17	1 312	7.378,00			

Lieferantenkonten (Kreditoren):

S **60001 Chromstahl GmbH** H

Datum	ER-Zahlungsausgleich		Datum	Nr. der Eingangsrechnung	
			.. -12-23	4567	29.750,00

S **60002 Chemische Werke GmbH** H

Datum	ER-Zahlungsausgleich		Datum	Nr. der Eingangsrechnung	
			.. -12-09	5500	21.420,00
			.. -12-21	5567	20.230,00

S **60003 Schneider KG** H

Datum	ER-Zahlungsausgleich		Datum	Nr. der Eingangsrechnung	
			.. -12-15	8765	38.080,00

S **60004 Holzwerke GmbH** H

Datum	ER-Zahlungsausgleich		Datum	Nr. der Eingangsrechnung	
			.. -12-20	7654	17.850,00
			.. -12-23	7660	33.082,00

S **60005 Jutta Kolberg e. Kffr.** H

Datum	ER-Zahlungsausgleich		Datum	Nr. der Eingangsrechnung	

Saldenliste der Kundenkonten	
10001 Karlsmann AG	
10002 Gruppe OHG	
10003 Heinrichs OHG	
10004 Hilgendorf KG	
10005 Busch OHG	
Saldensumme	

Saldenliste der Lieferantenkonten	
60001 Chromstahl GmbH	
60002 Chemische Werke GmbH	
60003 Schneider KG	
60004 Holzwerke GmbH	
60005 Jutta Kolberg e. Kffr.	
Saldensumme	

Bilanzbuch

Aktiva **Schlussbilanz zum 31. Dezember ..** Passiva

445

Ergebnistabelle der Möbelfabrik Schneider OHG

Finanzbuchhaltung (= RK I)			Kosten- und Leistungsrechnung (= RK II)			
Gesamtergebnisrechnung der FB			Abgrenzungsrechnung		Betriebsergebnisrechnung	
Kto.-Nr.	Aufwendungen	Erträge	neutrale Aufwendungen	neutrale Erträge	Kosten	Leistungen
5000		1.280.000,00				
5202		120.000,00				
5410		56.000,00				
5431		14.000,00				
5500		30.000,00				
5710		4.000,00				
60..	330.000,00					
6160	3.000,00					
6200	520.000,00					
6300	130.000,00					
6400	140.000,00					
6520	60.000,00					
6979	47.000,00					
7030	10.000,00					
7460	16.000,00					

446

Ergebnistabelle

Finanzbuchhaltung (= RK I)			Kosten- und Leistungsrechnung (= RK II)			
Gesamtergebnisrechnung der FB			Abgrenzungsrechnung		Betriebsergebnisrechnung	
Kto.-Nr.	Aufwendungen	Erträge	neutrale Aufwendungen	neutrale Erträge	Kosten	Leistungen
5000		800.000,00				
5410		45.000,00				
5431		10.000,00				
5710		20.000,00				
6000	270.000,00					
6020	50.000,00					
6200	350.000,00					
6300	90.000,00					
6400	40.000,00					
6800	3.000,00					
6979	9.000,00					
7510	10.000,00					
70/77	25.000,00					

Fortsetzung von Übungen 445 und 446

Aufg. 445: Abstimmung der Ergebnisse

Gesamtergebnis im RK I (Unternehmensergebnis)		______
Ergebnis der unternehmensbezogenen Abgrenzungen		
= Neutrales Ergebnis (Abgrenzungsergebnis)	______	
+ Betriebsergebnis	______	
Gesamtergebnis im RK II		______

Aufg. 446: Abstimmung der Ergebnisse

Gesamtergebnis im RK I (Unternehmensergebnis)		______
Ergebnis der unternehmensbezogenen Abgrenzungen		
= Neutrales Ergebnis (Abgrenzungsergebnis)	______	
+ Betriebsergebnis	______	
Gesamtergebnis im RK II		______

447

Ergebnistabelle

Finanzbuchhaltung (= RK I)			Kosten- und Leistungsrechnung (= RK II)			
Gesamtergebnisrechnung der FB			Abgrenzungsrechnung		Betriebsergebnisrechnung	
Kto.-Nr.	Aufwendungen	Erträge	neutrale Aufwendungen	neutrale Erträge	Kosten	Leistungen
5000		1.450.000,00				
5202		40.000,00				
5410		8.000,00				
5710		3.000,00				
60..	510.000,00					
6200	620.000,00					
6300	175.000,00					
6400	95.000,00					
6700	15.000,00					
6979	7.000,00					
70/77	34.000,00					
7510	12.000,00					

Abstimmung der Ergebnisse

Gesamtergebnis im RK I (Unternehmensergebnis)		______
Ergebnis der unternehmensbezogenen Abgrenzungen		
= Neutrales Ergebnis (Abgrenzungsergebnis)	______	
+ Betriebsergebnis	______	
Gesamtergebnis im RK II		______

448

Auszug aus der Ergebnistabelle der Meyer GmbH

Finanzbuchhaltung (= RK I)			Kosten- und Leistungsrechnung (= RK II)			
Gesamtergebnisrechnung der FB			Abgrenzungsrechnung		Betriebsergebnisrechnung	
Kto.-Nr.	Aufwendungen	Erträge	neutrale Aufwendungen	neutrale Erträge	Kosten	Leistungen
5000		3.245.000,00				
5431		25.000,00				
60..	1.220.000,00					
62-64	1.550.000,00					
6520	215.000,00					

Abstimmung der Ergebnisse

Gesamtergebnis im RK I (Unternehmensergebnis) ______________

Ergebnis der unternehmensbezogenen Abgrenzungen

= Neutrales Ergebnis (Abgrenzungsergebnis) ______________

+ Betriebsergebnis ______________

Gesamtergebnis im RK II ______________

449

Ergebnistabelle Wilhelm KG

Finanzbuchhaltung (= RK I)			Kosten- und Leistungsrechnung (= RK II)			
Gesamtergebnisrechnung der FB			Abgrenzungsrechnung		Betriebsergebnisrechnung	
Kto.-Nr.	Aufwendungen	Erträge	neutrale Aufwendungen	neutrale Erträge	Kosten	Leistungen
5000		1.870.500,00				
5100		200.000,00				
5201		42.000,00				
5300		31.500,00				
5410		1.900,00				
5431		5.200,00				
5600		8.200,00				
5700		4.100,00				
6000	300.000,00					
6080	150.000,00					
6200	798.000,00					
6300	401.000,00					
6400	185.100,00					
6510	31.200,00					
6520	92.500,00					
6700	4.900,00					
6870	12.200,00					
6979	55.600,00					
70/77	22.400,00					

Abstimmung der Ergebnisse

Gesamtergebnis im RK I (Unternehmensergebnis) ______________

Ergebnis der unternehmensbezogenen Abgrenzungen

= Neutrales Ergebnis (Abgrenzungsergebnis) ______________

+ Betriebsergebnis ______________

Gesamtergebnis im RK II ______________

Ergebnistabelle Heinz Schnell e. K.

Finanzbuchhaltung (= RK I)			Kosten- und Leistungsrechnung (= RK II)			
Gesamtergebnisrechnung der FB			Abgrenzungsrechnung		Betriebsergebnisrechnung	
Kto.-Nr.	Aufwendungen	Erträge	neutrale Aufwendungen	neutrale Erträge	Kosten	Leistungen
5000		1.381.500,00				
5202	14.200,00					
5300		13.700,00				
5410		36.300,00				
5431		4.800,00				
5600		22.500,00				
5710		7.800,00				
5780		8.200,00				
6000	225.000,00					
6150	28.500,00					
6160	39.600,00					
6200	375.000,00					
6300	410.000,00					
6400	165.000,00					
6420	13.200,00					
6440	28.400,00					
6520	42.800,00					
6700	21.200,00					
6870	36.100,00					
6979	2.200,00					
70/77	8.400,00					
7400	5.200,00					
7510	33.900,00					

Abstimmung der Ergebnisse

Gesamtergebnis im RK I (Unternehmensergebnis)		______
Ergebnis der unternehmensbezogenen Abgrenzungen		
= Neutrales Ergebnis (Abgrenzungsergebnis)	______	
+ Betriebsergebnis	______	
Gesamtergebnis im RK II		______

451

(2) **Ergebnistabelle (Ausschnitt)**

Finanzbuchhaltung (= RK I)			Kosten- und Leistungsrechnung (= RK II)					
Gesamtergebnisrechnung der FB			Abgrenzungsrechnung				Betriebsergebnisrechnung	
			Unternehmensbezogene Abgrenzungen		Kostenrechnerische Korrekturen			
Kto.-Nr.	Aufwendungen	Erträge	neutrale Aufwendungen	neutrale Erträge	betriebl. Aufwendungen	Verrechnete Kosten	Kosten	Leistungen
5000								
6520								

453

(2) **Ergebnistabelle (Ausschnitt)**

Finanzbuchhaltung (= RK I)			Kosten- und Leistungsrechnung (= RK II)					
Gesamtergebnisrechnung der FB			Abgrenzungsrechnung				Betriebsergebnisrechnung	
			Unternehmensbezogene Abgrenzungen		Kostenrechnerische Korrekturen			
Kto.-Nr.	Aufwendungen	Erträge	neutrale Aufwendungen	neutrale Erträge	betriebl. Aufwendungen	Verrechnete Kosten	Kosten	Leistungen
5000								
7510								

454

Berechnung des betriebsnotwendigen Kapitals:

1. Kalkulatorische Zinsen

	______	______ €
–	______	______ €
–	______	______ €
=	Betriebsnotwendiges Anlagevermögen	______ €
	______	______ €
+	______	______ €
+	______	______ €
=	Betriebsnotwendiges Umlaufvermögen	______ €
	______	______ €
+	______	______ €
=	Abzugskapital	______ €
=	**Betriebsnotwendiges Kapital**	______ €

Berechnung der kalkulatorischen Zinsen:

______ x ______ = ______ €

2. Auswirkungen auf die Ergebnistabelle

Kalkulatorische Zinsen > / = / < Zinsaufwand

______ € ______ €

unter sonst gleichen Bedingungen folgt:

Betriebsergebnis ___ Unternehmensergebnis

3. Auswirkungen auf die Verkaufspreise des Unternehmens

unter sonst gleichen Bedingungen folgt:

Verkaufspreise ______

4. Begründung für die Berücksichtigung kalkulatorischer Zinsen

______

______

______

455

Ergebnistabelle (Ausschnitt)

Finanzbuchhaltung (= RK I)			Kosten- und Leistungsrechnung (= RK II)					
Gesamtergebnisrechnung der FB			Abgrenzungsrechnung				Betriebsergebnisrechnung	
			Unternehmensbezogene Abgrenzungen		Kostenrechnerische Korrekturen			
Kto.-Nr.	Aufwendungen	Erträge	neutrale Aufwendungen	neutrale Erträge	betriebl. Aufwendungen	Verrechnete Kosten	Kosten	Leistungen
5000								
7510	112.000,00							
Kalk. Zinsen								

456

(1) **Ergebnistabelle**

Finanzbuchhaltung (= RK I)			Kosten- und Leistungsrechnung (= RK II)					
Gesamtergebnisrechnung der FB			Abgrenzungsrechnung				Betriebsergebnisrechnung	
			Unternehmensbezogene Abgrenzungen		Kostenrechnerische Korrekturen			
Kto.-Nr.	Aufwendungen	Erträge	neutrale Aufwendungen	neutrale Erträge	betriebl. Aufwendungen	Verrechnete Kosten	Kosten	Leistungen
Erlöse		949.800,00						
Kosten	864.700,00							
6520	27.600,00							
7510	32.700,00							
Kalk. Abschr.								
Kalk. Zinsen								

Ergebnistabelle Schneider OHG

Finanzbuchhaltung (= RK I)			Kosten- und Leistungsrechnung (= RK II)					
Gesamtergebnisrechnung der FB			Abgrenzungsrechnung				Betriebsergebnisrechnung	
			Unternehmensbezogene Abgrenzungen		Kostenrechnerische Korrekturen			
Kto.-Nr.	Aufwendungen	Erträge	Aufwendungen	Erträge	Aufwendungen	Verrechnete Kosten	Kosten	Leistungen
5000		1.280.000,00						
5202		120.000,00						
5410		56.000,00						
5431		14.000,00						
5500		30.000,00						
5710		4.000,00						
60..	330.000,00							
6160	3.000,00							
6200	520.000,00							
6300	130.000,00							
6400	140.000,00							
6520	60.000,00							
6979	47.000,00							
7030	10.000,00							
7460	16.000,00							
Kalk. Abschr.	0,00							
Kalk. U.-Lohn	0,00							

Abstimmung der Ergebnisse

Gesamtergebnis im RK I (Unternehmensergebnis) ____________

Ergebnis der unternehmensbezogenen Abgrenzungen ____________

+ Ergebnis aus kostenrechnerischen Korrekturen ____________

= Neutrales Ergebnis (Abgrenzungsergebnis) ____________

+ Betriebsergebnis ____________

Gesamtergebnis im RK II ____________

Ergebnistabelle Wilhelm KG

Finanzbuchhaltung (= RK I)			Kosten- und Leistungsrechnung (= RK II)					
Gesamtergebnisrechnung der FB			Abgrenzungsrechnung				Betriebsergebnisrechnung	
			Unternehmensbezogene Abgrenzungen		Kostenrechnerische Korrekturen			
Kto.-Nr.	Aufwendungen	Erträge	Aufwendungen	Erträge	Aufwendungen	Verrechnete Kosten	Kosten	Leistungen
5000		1.870.500,00						
5100		200.000,00						
5201		42.000,00						
5300		31.500,00						
5410		1.900,00						
5431		5.200,00						
5600		8.200,00						
5700		4.100,00						
6000	300.000,00							
6080	150.000,00							
6200	798.000,00							
6300	401.000,00							
6400	185.100,00							
6510	31.200,00							
6520	92.500,00							
6700	4.900,00							
6870	12.200,00							
6979	55.600,00							
70/77	22.400,00							
Verr. Preise								
Kalk. Abschr.								
Unter.-Lohn								

Abstimmung der Ergebnisse

Gesamtergebnis im RK I (Unternehmensergebnis) ____________

Ergebnis der unternehmensbezogenen Abgrenzungen ____________

\+ Ergebnis aus kostenrechnerischen Korrekturen ____________

Neutrales Ergebnis (Abgrenzungsergebnis) ____________

\+ Betriebsergebnis ____________

Gesamtergebnis im RK II ____________

467

Ergebnistabelle Heinz Schnell e. K.

Finanzbuchhaltung (= RK I)			Kosten- und Leistungsrechnung (= RK II)					
Gesamtergebnisrechnung der FB			Abgrenzungsrechnung				Betriebsergebnisrechnung	
			Unternehmensbezogene Abgrenzungen		Kostenrechnerische Korrekturen			
Kto.-Nr.	Aufwendungen	Erträge	Aufwendungen	Erträge	Aufwendungen	Verrechnete Kosten	Kosten	Leistungen
5000		1.381.500,00						
5202	14.200,00							
5300		13.700,00						
5410		36.300,00						
5431		4.800,00						
5600		22.500,00						
5710		7.800,00						
5780		8.200,00						
6000	225.000,00							
6150	28.500,00							
6160	39.600,00							
6200	375.000,00							
6300	410.000,00							
6400	165.000,00							
6420	13.200,00							
6440	28.400,00							
6520	42.800,00							
6700	21.200,00							
6870	36.100,00							
6979	2.200,00							
70/77	8.400,00							
7400	5.200,00							
7510	33.900,00							
Verr.-Preise								
Kalk. Abschr.								
Kalk. Zinsen								
Unter.-Lohn								

Abstimmung der Ergebnisse

Gesamtergebnis im RK I (Unternehmungsergebnis) ____________

Ergebnis der unternehmensbezogenen Abgrenzungen ____________

+ Ergebnis aus kostenrechnerischen Korrekturen ____________

Neutrales Ergebnis (Abgrenzungsergebnis) ____________

+ Betriebsergebnis ____________

Gesamtergebnis im RK II ____________

Ergebnistabelle Klaus Barth e. K.

Finanzbuchhaltung (= RK I)			Kosten- und Leistungsrechnung (= RK II)					
Gesamtergebnisrechnung der FB			Abgrenzungsrechnung				Betriebsergebnisrechnung	
			Unternehmensbezogene Abgrenzungen		Kostenrechnerische Korrekturen			
Kto.-Nr.	Aufwendungen	Erträge	Aufwendungen	Erträge	Aufwendungen	Verrechnete Kosten	Kosten	Leistungen
5000		1.885.000,00						
5100		40.000,00						
5200		12.000,00						
5300		8.000,00						
5410		4.000,00						
5431		6.000,00						
60..	650.000,00							
6100	25.000,00							
6200	720.000,00							
6300	120.000,00							
6400	160.000,00							
6520	180.000,00							
6930	7.000,00							
6979	3.000,00							
7510	25.000,00							
Kalk. Abschr.								
Kalk. Zinsen								
Untern.-Lohn								
Kalk. Wagn.								
Kalk. Miete								

Abstimmung der Ergebnisse

Gesamtergebnis im RK I (Unternehmungsergebnis) ____________

Ergebnis der unternehmensbezogenen Abgrenzungen ____________

+ Ergebnis aus kostenrechnerischen Korrekturen ____________

Neutrales Ergebnis (Abgrenzungsergebnis) ____________

+ Betriebsergebnis ____________

Gesamtergebnis im RK II ____________

Ergebnistabelle Walter KG

Finanzbuchhaltung (= RK I)			Kosten- und Leistungsrechnung (= RK II)					
Gesamtergebnisrechnung der FB			Abgrenzungsrechnung				Betriebsergebnisrechnung	
			Unternehmensbezogene Abgrenzungen		Kostenrechnerische Korrekturen			
Kto.-Nr.	Aufwendungen	Erträge	Aufwendungen	Erträge	Aufwendungen	Verrechnete Kosten	Kosten	Leistungen
5000		3.100.000,00						
5100		450.000,00						
5202	20.000,00							
5431		65.000,00						
5710		30.000,00						
6000	750.000,00							
6080	300.000,00							
6200	900.000,00							
6300	520.000,00							
6400	250.000,00							
6520	210.000,00							
6700	45.000,00							
6900	60.000,00							
7000	80.000,00							
7510	45.000,00							
Kalk. Abschr.								
Kalk. Zinsen								
Untern.-Lohn								

Abstimmung der Ergebnisse

Gesamtergebnis im RK I (Unternehmungsergebnis)		
Ergebnis der unternehmensbezogenen Abgrenzungen		
+ Ergebnis aus kostenrechnerischen Korrekturen		
Neutrales Ergebnis (Abgrenzungsergebnis)		
+ Betriebsergebnis		
Gesamtergebnis im RK II		

472

Ergebnistabelle

Finanzbuchhaltung (= RK I)			Kosten- und Leistungsrechnung (= RK II)					
Gesamtergebnisrechnung der FB			Abgrenzungsrechnung				Betriebsergebnisrechnung	
			Unternehmensbezogene Abgrenzungen		Kostenrechnerische Korrekturen			
Kto.-Nr.	Aufwendungen	Erträge	Aufwendungen	Erträge	Aufwendungen	Verrechnete Kosten	Kosten	Leistungen
5000		670.000,00						
5202	32.000,00							
5300		35.000,00						
5410		29.600,00						
5420		2.200,00						
5710		3.100,00						
60..	185.500,00							
6160	1.850,00							
6200	138.600,00							
6300	159.800,00							
6400	27.400,00							
6520	61.000,00							
6700	10.500,00							
6800	5.600,00							
6930	45.000,00							
6979	16.200,00							
70/77	21.400,00							
7510	2.300,00							
Kalk. Abschr.								
Untern.-Lohn								
Kalk. Zinsen								
Kalk. Wagnis								

Abstimmung der Ergebnisse

Gesamtergebnis im RK I (Unternehmungsergebnis) ____________

Ergebnis der unternehmensbezogenen Abgrenzungen ____________

+ Ergebnis aus kostenrechnerischen Korrekturen ____________

Neutrales Ergebnis (Abgrenzungsergebnis) ____________

+ Betriebsergebnis ____________

Gesamtergebnis im RK II ____________

1. **Ermittlung der Ist-Zuschlagssätze**

MGK-Zuschlagssatz

= ______________________ = ______________________ = ________ %

FGK-Zuschlagssatz

= ______________________ = ______________________ = ________ %

VwGK-Zuschlagssatz

= ______________________ = ______________________ = ________ %

VtGK-Zuschlagssatz

= ______________________ = ______________________ = ________ %

1.		€
2.		€
3.	Materialkosten	€
4.		€
5.		€
6.		€
7.	Fertigungskosten	€
8.	Herstellkosten der Erzeugung	€
9.		€
10.		€
11.	Herstellkosten der fertigen Erzeugnisse	€
12.		€
13.		€
14.	Herstellkosten des Umsatzes	€
15.		€
16.		€
17.		€
18.	Selbstkosten des Umsatzes	€

476

Betriebsabrechnungsbogen mit Ist-Kosten

Kostenart	Zahlen der BER	I Material	II Fertigung	III Verwaltung	IV Vertrieb
Hilfsstoffe	11.500,00	200,00	10.700,00	-,--	600,00
Betriebsstoffe	2.600,00	240,00	1.820,00	360,00	180,00
Hilfslöhne	18.000,00	1.390,00	15.730,00	280,00	600,00
Gehälter	32.800,00	1.600,00	5.400,00	15.300,00	10.500,00
Soziale Abgaben	19.500,00	650,00	10.550,00	5.940,00	2.360,00
Abschreibungen	8.600,00				
Betriebsteuern	4.400,00				
Sonstige Aufwendungen	10.700,00	1.260,00	2.240,00	5.300,00	1.900,00
Summe der Gemeinkosten	108.100,00	**MGK**	**FGK**	**VwGK**	**VtGK**
Zuschlagsgrundlagen		Fertigungsmaterial	Fertigungslöhne	Herstellkosten des Umsatzes	
Zuschlagssätze					

477

Betriebsabrechnungsbogen mit Ist-Kosten

Kostenart	Zahlen der BER	I Material	II Fertigung	III Verwaltung	IV Vertrieb
Hilfsstoffe	162.500,00	3.500,00	145.200,00	4.500,00	9.300,00
Betriebsstoffe	17.650,00	2.800,00	9.000,00	4.200,00	1.650,00
Hilfslöhne	152.800,00	13.400,00	121.400,00	8.200,00	9.800,00
Gehälter	199.400,00	18.500,00	33.400,00	108.900,00	38.600,00
Soziale Abgaben	153.500,00	9.800,00	89.700,00	32.600,00	21.400,00
Abschreibungen	20.000,00				
Zinsen	22.500,00				
Betriebsteuern	90.500,00	-,--	71.600,00	18.900,00	-,--
Miete	120.000,00				
Büro/Werbung	70.800,00	6.800,00	23.400,00	31.500,00	9.100,00
Versicherung	31.200,00				
Summe der Gemeinkosten	1.040.850,00	**MGK**	**FGK**	**VwGK**	**VtGK**
Zuschlagsgrundlagen		Fertigungsmaterial	Fertigungslöhne	Herstellkosten des Umsatzes	
Zuschlagssätze					

480

Betriebsabrechnungsbogen

Kostenart	Zahlen der BER	Material	Fertigung I	Fertigung II	Verwaltung	Vertrieb
Hilfsstoffe	12.150,00	750,00	5.000,00	6.000,00	150,00	250,00
Hilfslöhne	70.400,00	1.500,00	32.900,00	34.500,00	1.000,00	500,00
Gehälter	180.700,00	4.700,00	38.000,00	25.000,00	92.000,00	21.000,00
Soziale Abgaben	80.000,00					
Abschreibungen	78.000,00	2.000,00	33.500,00	28.000,00	8.000,00	6.500,00
Steuern	110.000,00					
Übrige Kosten	24.000,00					
Ist-Gemeinkosten						
Zuschlagsgrundlagen						
Zuschlagssätze (Ist)						

482

Betriebsabrechnungsbogen

Kostenart	Zahlen der BER	I	II	III	IV	V	VI	VII	VIII	IX
Hilfsstoffaufwand	32.000,00	4.000,00	5.000,00	4.000,00	2.000,00	5.000,00	6.000,00	3.000,00	1.000,00	2.000,00
Hilfslöhne	157.000,00	18.500,00	16.600,00	5.800,00	6.400,00	38.100,00	30.600,00	33.000,00	-	8.000,00
Soziale Abgaben	130.000,00	7.300,00	5.200,00	11.200,00	7.500,00	10.900,00	18.200,00	21.400,00	23.700,00	24.600,00
Instandhaltung	88.000,00									
Reisekosten	45.000,00									
Büromaterial	110.000,00	2.400,00	2.200,00	15.900,00	2.100,00	3.100,00	3.200,00	4.100,00	43.600,00	33.400,00
Gehälter	561.000,00	34.100,00	24.900,00	54.800,00	34.800,00	52.200,00	76.100,00	89.900,00	93.200,00	101.000,00
Betriebsteuern	36.000,00									
Abschreibungen	151.500,00									
		↳								
			↳							
					↳					
Zuschlagsgrundlagen										
Zuschlagssätze (Ist)										

Betriebsabrechnungsbogen

Kostenart	Zahlen der BER	I	II	III	IV	V	VI	VII	VIII	IX	X
Gemeinkostenmaterial	70.000,00	-	5.000,00	-	-	5.000,00	25.000,00	25.000,00	10.000,00	-	-
Hilfslöhne	120.000,00	-	20.000,00	10.000,00	5.000,00	5.000,00	35.000,00	20.000,00	15.000,00	-	10.000,00
Sozialkosten	175.000,00	5.000,00	15.000,00	10.000,00	10.000,00	20.000,00	40.000,00	20.000,00	10.000,00	40.000,00	5.000,00
Strom, Gas, Wasser	30.000,00	5.000,00	2.000,00	1.000,00	1.000,00	2.000,00	10.000,00	5.000,00	2.000,00	1.000,00	1.000,00
Reparaturen	80.000,00	10.000,00	8.000,00	-	-	-	32.000,00	25.000,00	3.000,00	-	2.000,00
Bürokosten	60.000,00	-	-	4.000,00	9.000,00	3.000,00	-	-	-	44.000,00	-
Werbung	40.000,00	-	-	-	-	-	-	-	-	-	40.000,00
Gehälter	180.000,00	-	5.000,00	15.000,00	25.000,00	15.000,00	13.000,00	15.000,00	10.000,00	60.000,00	22.000,00
Gewerbesteuer	10.000,00	-	-	-	-	-	-	-	-	10.000,00	-
Versicherungen	5.000,00										
Kalkulatorische Abschreibungen	95.000,00										
Kalkulatorische Zinsen	45.000,00										
Kalkulatorischer Unternehmerlohn	15.000,00										
	925.000,00										
Zuschlagsgrundlagen											
Zuschlagssätze (Ist)											

484

BAB

Kostenart	Zahlen der BER	I	II	III	IV	V	VI	VII	VIII
Hilfsstoffaufwand	43.000,00	6.000,00	4.000,00	5.000,00	3.000,00	12.000,00	10.000,00	2.000,00	1.000,00
Hilfslöhne	184.000,00	35.000,00	28.000,00	19.000,00	13.000,00	45.000,00	38.000,00	-	6.000,00
Soziale Abgaben	210.000,00	32.000,00	17.000,00	25.000,00	8.000,00	36.000,00	31.000,00	46.000,00	15.000,00
Instandhaltung	87.500,00	14.000,00	14.000,00	7.000,00	14.000,00	17.500,00	14.000,00	3.500,00	3.500,00
Werbung	52.000,00								
Büromaterial	94.000,00	9.000,00	8.000,00	7.000,00	5.000,00	12.000,00	11.000,00	24.000,00	18.000,00
Gehälter	518.000,00	68.000,00	37.000,00	42.000,00	18.000,00	84.000,00	76.000,00	154.000,00	39.000,00
Betriebsteuern	48.000,00								
Mieten	28.000,00								
Kalkulatorische Abschreibungen	165.000,00								
Kalkulatorischer Unternehmerlohn	116.000,00	34.000,00	12.000,00	2.000,00	8.000,00	27.000,00	25.000,00	6.000,00	2.000,00
	1.545.500,00								
Zuschlagsgrundlagen									
Zuschlagssätze (Ist)									

490

Betriebsabrechnungsbogen

Kostenart	Zahlen der BER	I Material	II Fertigung	III Verwaltung	IV Vertrieb
Gemeinkostenmaterial	30.000,00	300,00	27.000,00	2.000,00	700,00
Aufwand für Energie	38.700,00				
Gehälter	96.800,00	14.800,00	28.500,00	31.900,00	21.600,00
Soziale Abgaben	18.900,00				
Steuern, Gebühren, Beiträge, Versicherungen	56.000,00				
Verschiedene Kosten	98.000,00				
Kalkulatorische Abschreibungen					
Kalkulatorische Zinsen					
Ist-Gemeinkosten					
Zuschlagsgrundlagen					
Ist-Zuschlagssätze					
Normal-Zuschlagssätze					
Zuschlagsgrundlagen					
Normal-Gemeinkosten					
Über-/Unterdeckung					

Kostenträgerblatt

		Kalkulationsschema	Verrechnete Normalkosten
1 – 15 Kostenträger-Zeitrechnung	1.		
	2.		
	3.		
	4.		
	5.		
	6.		
	7.		
	8.		
	9.		
	10.		
	11.		
	12.		
	13.		
	14.		
	15.		
16 – 20 Ergebnisrechnung	16.		
	17.		
	18.		
	19.		
	20.		

Kostenart	I Material	II Fertigung	III Verwaltung	IV Vertrieb
Ist-Gemeinkosten	42.000,00	448.000,00	161.000,00	69.000,00
Zuschlagsgrundlagen				
Ist-Zuschlagssätze				
Normal-Zuschlagssätze	10%	150%	20%	5%
Zuschlagsgrundlagen				
Normal-Gemeinkosten				
Über-/Unterdeckung				

Kostenträgerblatt

Kalkulationsschema	Ist- kosten	Normal- kosten	Kosten- abweichung
Fertigungsmaterial	400.000,00	400.000,00	
+ Materialgemeinkosten			
= **Materialkosten**			
Fertigungslöhne	280.000,00	280.000,00	
+ Fertigungsgemeinkosten			
= **Fertigungskosten**			
= **Herstellkosten der Erzeugung**			
– Mehrbestand unfertige Erzeugnisse			
+ Minderbestand fertige Erzeugnisse			
= **Herstellkosten des Umsatzes**			
+ Verwaltungsgemeinkosten			
+ Vertriebsgemeinkosten			
= **Selbstkosten**			
Nettoumsatzerlöse	1.540.000,00	1.540.000,00	
– Selbstkosten			
= **Umsatzergebnis**			
+ Kostenüberdeckung			
= **Betriebsergebnis**			

Betriebsabrechnungsbogen

Kostenart	I Material	II Fertigung	III Verwaltung	IV Vertrieb	Gesamt
Ist-Gemeinkosten	9.640,00	88.450,00	21.340,00	8.480,00	127.910,00
Zuschlagsgrundlagen					
Ist-Zuschlagssätze					
Normal-Zuschlagssätze	11%	200%	10%	6%	
Zuschlagsgrundlagen					
Normal-Gemeinkosten					
Über-/Unterdeckung					

Kostenträgerblatt

	Verrechnete Normalkosten		
Kalkulationsschema	**Insgesamt**	**Erzeugnis A**	**Erzeugnis B**
Selbstkosten			
Nettoumsatzerlöse			
Umsatzergebnis			

494

BAB	I Material	II Fertigung	III Verwaltung	IV Vertrieb	Gesamt
Ist-Gemeinkosten	15.200,00	128.500,00	52.890,00	24.470,00	
Zuschlagsgrundlagen					
Ist-Zuschlagssätze					
Verrechnete Normal-Gemeinkosten					
Über-/Unterdeckung					

Kostenträgerblatt

	Verrechnete Normalkosten			
Kalkulationsschema	**Insgesamt**	**Kostenträger A**	**Kostenträger B**	**Kostenträger C**
Fertigungsmaterial	146.000,00	58.000,00	37.000,00	51.000,00
+ Materialgemeinkosten				
= Materialkosten				
Fertigungslöhne	88.000,00	34.000,00	18.000,00	36.000,00
+ Fertigungsgemeinkosten				
= Fertigungskosten				
= Herstellkosten der Erzeugung				
+ Minderbestand unfertige Erzeugnisse				
– Mehrbestand fertige Erzeugnisse				
= Herstellkosten des Umsatzes				
+ Verwaltungsgemeinkosten				
+ Vertriebsgemeinkosten				
= Selbstkosten				
Nettoumsatzerlöse	434.800,00	198.600,00	144.500,00	91.700,00
Umsatzergebnis				
+ Kostenüberdeckung				
= Betriebsergebnis				

Ergebnistabelle Körner KG

Finanzbuchhaltung (= RK I)			Kosten- und Leistungsrechnung (= RK II)					
Gesamtergebnisrechnung der FB			Abgrenzungsrechnung				Betriebsergebnisrechnung	
			Unternehmensbezogene Abgrenzungen		Kostenrechnerische Korrekturen			
Kto.-Nr.	Aufwendungen	Erträge	Aufwendungen	Erträge	Aufwendungen	Verrechnete Kosten	Kosten	Leistungen
50..		880.000,00						
5202		40.000,00						
5410		5.000,00						
5431		50.000,00						
5480		20.000,00						
5500		20.000,00						
5710		15.000,00						
6000	120.000,00							
6020	25.000,00							
6200	220.000,00							
6300	115.000,00							
6400	52.000,00							
6520	80.000,00							
6700	20.000,00							
68..	22.000,00							
6900	3.000,00							
6930	8.000,00							
6979	10.000,00							
70/77	25.000,00							
7510	2.000,00							
U.-L.								

Abstimmung der Ergebnisse

Gesamtergebnis im RK I (Unternehmungsergebnis) ______________

Ergebnis der unternehmensbezogenen Abgrenzungen ______________

+ Ergebnis aus kostenrechnerischen Korrekturen ______________

Neutrales Ergebnis (Abgrenzungsergebnis) ______________

+ Betriebsergebnis ______________

Gesamtergebnis im RK II ______________

Betriebsabrechnungsbogen

Kostenarten	Zahlen der BER	I Material	II FHS A	III FHS B	IV Verwaltung	V Vertrieb
Hilfsstoffe	25.000,00	3.000,00	11.000,00	9.000,00	-,--	2.000,00
Gehälter	115.000,00	5.000,00	8.000,00	7.000,00	85.000,00	10.000,00
Soziale Abgaben	52.000,00	2.000,00	14.000,00	11.000,00	22.000,00	3.000,00
Abschreibungen	75.000,00	5.000,00	30.000,00	25.000,00	10.000,00	5.000,00
Miete/Pacht	20.000,00					
Kommunikationsaufwendungen	22.000,00	1.000,00	3.000,00	2.000,00	12.000,00	4.000,00
Versicherungen	3.000,00					
Kalkulatorische Wagnisse	15.000,00					
Betriebsteuern	25.000,00					
Kalkulatorische Zinsen	20.000,00	2.000,00	7.000,00	8.000,00	2.000,00	1.000,00
Unternehmerlohn	12.000,00					
Ist-Gemeinkosten						
Zuschlagsgrundlagen						
Ist-Zuschlagssätze						
Normal-Zuschlagssätze		15 %	80 %	75 %	25 %	6 %
Zuschlagsgrundlagen						
Normal-Gemeinkosten						
Über-/Unterdeckung						

Kostenträgerblatt

	Verrechnete Normalkosten		
Kalkulationsschema	**Insgesamt**	**Erzeugnis X**	**Erzeugnis Y**
Fertigungsmaterial	130.000,00	80.000,00	50.000,00
+ Materialgemeinkosten			
= Materialkosten			
Fertigungslöhne FHS A	120.000,00	70.000,00	50.000,00
+ Fertigungsgemeinkosten			
= Fertigungskosten FHS A			
Fertigungslöhne FHS B	100.000,00	60.000,00	40.000,00
+ Fertigungsgemeinkosten			
= Fertigungskosten FHS B			
= Herstellkosten der Erzeugung			
– Mehrbestand unfertige Erzeugnisse			
– Mehrbestand fertige Erzeugnisse			
+ Minderbestand fertige Erzeugnisse			
= Herstellkosten des Umsatzes			
+ Verwaltungsgemeinkosten			
+ Vertriebsgemeinkosten			
= Selbstkosten			
Nettoumsatzerlöse	880.000,00	550.000,00	330.000,00
= Umsatzergebnis			
Kostenüber-/-unterdeckung			
= Betriebsergebnis			
Umsatzergebnisraten			

497

Erstellung der Vorkalkulation

		€
		€
=	Materialkosten	€
		€
		€
=	Fertigungskosten	€
=	Herstellkosten	€
		€
		€
		€
=	Selbstkosten	€
		€
		€
		€
		€
		€
		€
		€
=	(Netto-)Listenverkaufspreis (LVP)	€

Angebotskalkulation als Rückwärtskalkulation

	EUR
= Materialkosten	
= Fertigungskosten	
Herstellkosten	
= Selbstkosten	
= Angebotspreis (Listenpreis)	

Rechenrichtung (Pfeil)

	Angebotskalkulation für Preisliste	Angebotskalkulation für Anfrage
Fertigungsmaterial		
Materialgemeinkosten		
Materialkosten		
Fertigungslöhne		
Fertigungsgemeinkosten		
Fertigungskosten		
Herstellkosten (HK)		
Verwaltungsgemeinkosten		
Vertriebsgemeinkosten		
Selbstkosten (SK)		
Gewinn		
Barverkaufspreis		
Skonto		
Vertreterprovision		
Zielverkaufspreis		
Rabatt		
Listenverkaufspreis		

Rechenschritte für Anfrage Gaudena AG:

- **Barverkaufspreis** ausgehend vom Zielverkaufspreis:
- Bestimmung des Gewinns **in Euro**:
- Bestimmung des Gewinns **in Prozent** (ausgehend von SK):

517

Betriebsabrechnungsbogen

Kostenart	Zahlen der BER	Material	Abrichtanlage maschinen-abh. Fix	Abrichtanlage Fertigungskosten variabel	Abrichtanlage Rest-gemein-kosten	Übrige Fertigungs-stellen	Verwaltung	Vertrieb
Allg. Betriebskosten	8.000,00							
Energie	3.000,00	300,00	80,00	600,00	-,--	1.400,00	500,00	120,00
Betriebsstoffkosten	6.000,00	-,--	-,--	1.000,00	-,--	5.000,00	-,--	-,--
Gehälter	20.000,00	2.000,00	2.500,00	-,--	-,--	4.500,00	11.000,00	-,--
Hilfslöhne	35.000,00	3.000,00	-,--	-,--	7.000,00	21.500,00	-,--	3.500,00
Soziale Abgaben	19.000,00	1.200,00	-,--	-,--	3.000,00	9.400,00	4.000,00	1.400,00
Kalkulatorische Zinsen	5.000,00	500,00	800,00	-,--	-,--	2.600,00	600,00	500,00
Abschreibungen auf Anlagen	9.000,00	200,00	2.500,00	-,--	-,--	5.500,00	500,00	300,00
Abschreibungen auf Gebäude	18.000,00	1.800,00	3.500,00	-,--	-,--	9.000,00	2.200,00	1.500,00
Reparaturkosten	6.500,00	-,--	770,00	1.200,00	-,--	4.200,00	-,--	330,00
Sonstige Kosten	7.000,00							
Gemeinkosten	136.500,00							
Zuschlagsgrundlagen								
Zuschlagssätze								

520

Betriebsabrechnungsbogen

Kostenart	Zahlen der BER	Material	Webautomat maschi-nenabh. Fix	Webautomat Fertigungskosten variabel	Webautomat Rest-gemein-kosten	Färberei	Ver-edelung	Ver-waltung	Vertrieb
Hilfsstoffaufwand	40.000,00	-,--	-,--	-,--	20.000,00	15.000,00	5.000,00	-,--	-,--
Hilfslöhne	100.000,00	15.000,00	-,--	-,--	25.000,00	40.000,00	20.000,00	-,--	-,--
Soziale Abgaben	120.000,00	5.000,00	-,--	-,--	30.000,00	20.000,00	10.000,00	40.000,00	15.000,00
Energieaufwand	50.000,00	-,--	5.000,00	25.000,00	-,--	10.000,00	5.000,00	5.000,00	-,--
Reparaturen	30.000,00	-,--	5.000,00	15.000,00	-,--	5.000,00	5.000,00	-,--	-,--
Gehälter	160.000,00	10.000,00	10.000,00	-,--	-,--	-,--	-,--	100.000,00	40.000,00
Kalkulatorischer Unternehmerlohn	20.000,00	-,--	-,--	-,--	-,--	-,--	-,--	20.000,00	-,--
Kalkulatorische Abschreibungen	100.000,00								
Kalkulatorische Zinsen	60.000,00								
Gemeinkosten									
Zuschlagsgrundlagen									
Zuschlagssätze									

596

Teilprozesse	Teilprozess-kosten	Maßgrößen	Teilprozess-mengen	Teilprozess-kostensatz	Umlage-satz	Gesamter Teilprozess-kostensatz
Fertigerzeugnisse übernehmen und einlagern	109.600,00	Anzahl der Anlieferungen	400			
Versandpapiere erstellen	45.000,00	Anzahl der Vorgänge	750			
Erzeugnisse auf Paletten versandfertig machen	92.800,00	Anzahl der Paletten	4000			
Zollpapiere für Auslandsaufträge erstellen	26.500,00	Anzahl der Vorgänge	250			
Eigene Transport-fahrzeuge ordern	53.000,00	Anzahl der Vorgänge	650			
Spediteure beauftragen	41.100,00	Anzahl der Vorgänge	280			
Abteilung leiten	72.000,00	–	–			
Summe der Stellengemeinkosten	440.000,00					

597

Hauptprozess: ____________________

Teilprozesse	Teilprozesskostensätze je Kundenauftrag	Teilprozesskostensätze je 1 000 Erzeugniseinheiten	Teilprozesskostensätze je 2 000 Erzeugniseinheiten
Kundenbestellung bearbeiten			
Fertigerzeugnisse übernehmen und lagern			
Erzeugnisse auf Paletten versandfertig machen			
Versandpapiere erstellen			
Zollpapiere erstellen			
Spediteur beauftragen			
Summe			
Hauptprozesskostensatz für 1000 Einheiten			
Hauptprozesskostensatz für 2000 Einheiten			

Kalkulation Gehäuse G II				
Kalkulationsschema	1 000 Gehäuse		2 000 Gehäuse	
Fertigungsmaterial + ______ % MGK				
Materialkosten				
Fertigungslöhne FHS I + ______ % FGK				
Fertigungskosten FHS I				
Fertigungslöhne FHS II + ______ % FGK				
Fertigungskosten FHS II				
Fertigungslöhne FHS III + ______ % FGK				
Fertigungskosten FHS III				
Fertigungslöhne FHS IV + ______ % FGK				
Fertigungskosten FHS IV				
+ Hauptprozesskostensatz je Kundenauftrag bei 1 000 Gehäusen + Hauptprozesskostensatz je Kundenauftrag bei 2 000 Gehäusen				
Selbstkosten insgesamt				
Selbstkosten je Gehäuse				

605

Target costing im Industriebetrieb

	Nutzenanteil %	Produktstandard-kostenanteil %	Zielkostenindex	Obere Toleranzgrenze	Untere Toleranzgrenze
K1	35 %	20 %			
K2	40 %	36 %			
K3	20 %	35 %			
K4	5 %	9 %			

Zielkostenkontrolldiagramm

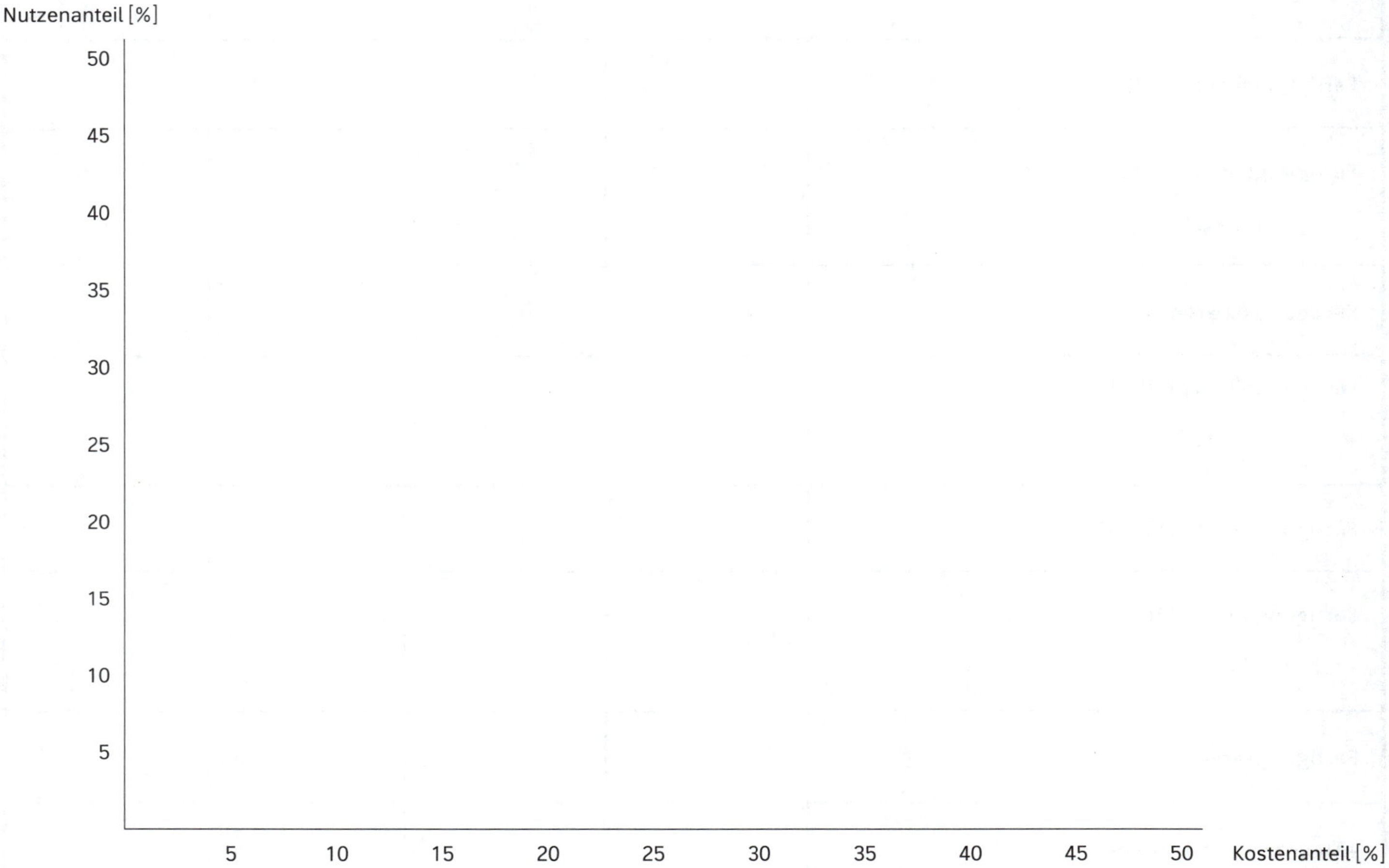

Kostenmanagement

	Handlungsempfehlungen
K1	
K2	
K3	
K4	

608

Target costing beim Motorradhersteller

	Nutzenanteil Kunden	Kostenanteil drifting costs	Zielkostenindex
K1 Motor			
K2 Elektrik			
K3 Karosserie			
K4 Steuerung			
K5 Antrieb			

Obere und untere Toleranzgrenzen

Nutzenanteil	obere Toleranzgrenze	untere Toleranzgrenze
0 %		
5 %		
10 %		
15 %		
20 %		
25 %		
30 %		
35 %		
40 %		
45 %		
50 %		

Zielkostenkontrolldiagramm

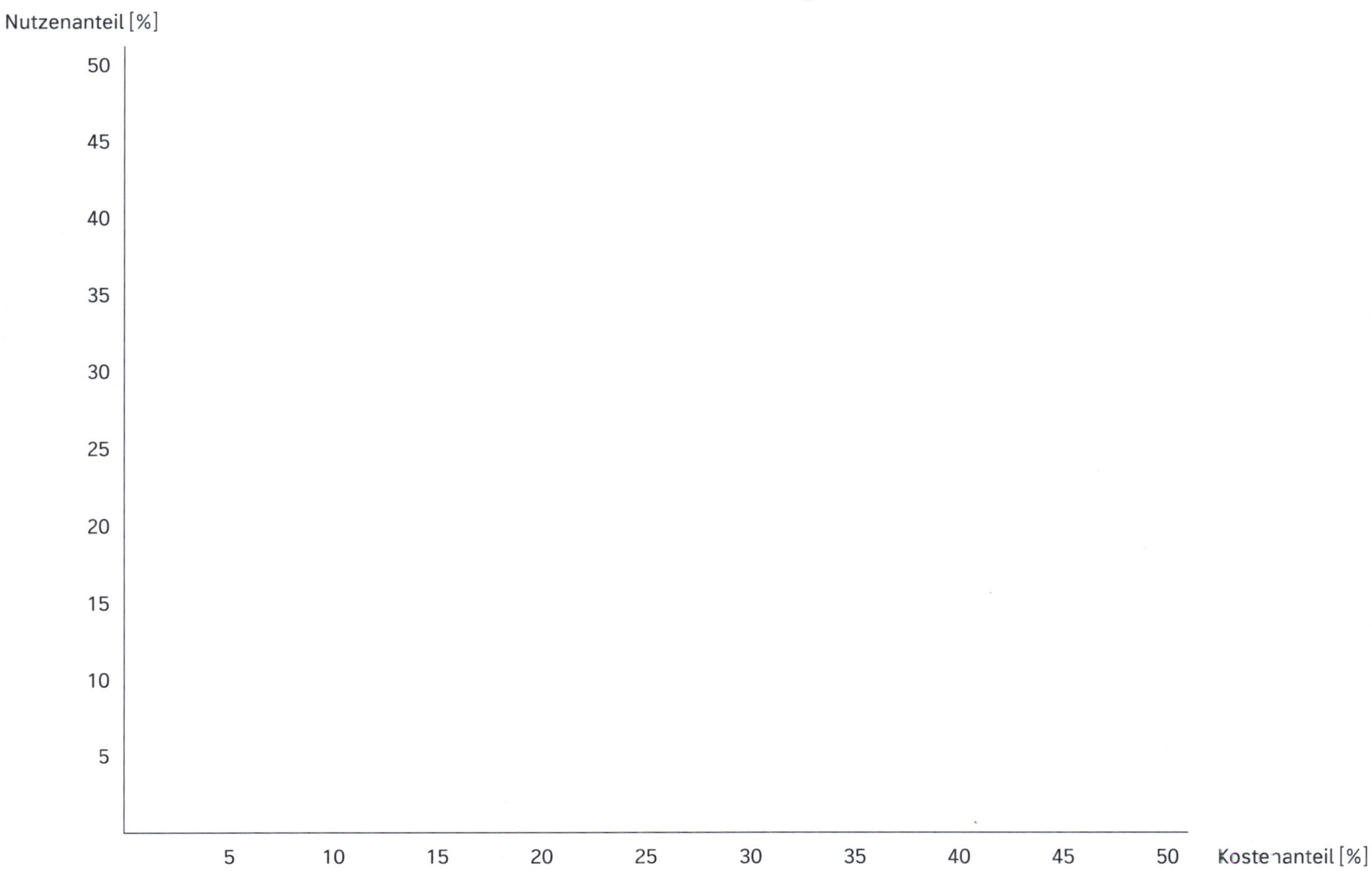

609.1

Ergebnistabelle der Möbelfabrik Schneider OHG

Finanzbuchhaltung (= RK I)			Kosten- und Leistungsrechnung (= RK II)					
Gesamtergebnisrechnung der FB			Abgrenzungsrechnung				Betriebsergebnisrechnung	
			Unternehmensbezogene Abgrenzungen		Kostenrechnerische Korrekturen			
Kto.-Nr.	Aufwendungen	Erträge	Aufwendungen	Erträge	Aufwendungen	Verrechnete Kosten	Kosten	Leistungen
5000								
5202								
5431		4.000,00						
5460		76.000,00						
5490		30.000,00						
6000	280.000,00							
6020	30.000,00							
6030	10.000,00							
6160	17.000,00							
6200	380.000,00							
6300	260.000,00							
6400	140.000,00							
6520	60.000,00							
66..	10.000,00							
6850	12.000,00							
6930	6.000,00							
70/77	45.000,00							
7510	10.000,00							
U.-Lohn								

Abstimmung der Ergebnisse

Gesamtergebnis im RK I (Unternehmungsergebnis) ____________

Ergebnis der unternehmensbezogenen Abgrenzungen ____________

+ Ergebnis aus kostenrechnerischen Korrekturen ____________

Neutrales Ergebnis (Abgrenzungsergebnis) ____________

+ Betriebsergebnis ____________

Gesamtergebnis im RK II ____________

Betriebsabrechnungsbogen der Möbelfabrik Schneider OHG

Kostenart	Zahlen der BER	Allgemeine Kostenstelle Fuhrpark	Material	Hilfsstelle Arbeits-vorbereitung	FHS I Zurichten / Sägen	FHS II Bohren / Fräsen	FHS III Montieren / Lackieren	Verwaltung	Vertrieb
Aufwendungen für Hilfsstoffe	30.000,00		-,--	-,--	-,--	10.000,00	15.000,00	5.000,00	-,--
Aufwendungen für Betriebsstoffe	10.000,00	4.000,00	-,--	-,--	2.000,00	2.000,00	2.000,00	-,--	-,--
Fremdinstandhaltung	12.000,00	5.800,00	-,--	-,--	4.000,00	-,--	-,--	-,--	2.200,00
Gehälter	260.000,00	16.000,00	16.500,00	16.000,00	32.500,00	32.500,00	32.500,00	99.000,00	15.000,00
Arbeitgeberanteil zur SV	132.000,00								
Abschreibungen auf Sachanlagen									
Sonstige Personalaufwendungen									
Reisekosten	12.000,00	-,--	-,--	1.200,00	-,--	-,--	1.300,00	6.900,00	2.600,00
Betriebliche Steuern									
Zinsaufwendungen									
Unternehmerlohn									
Stellengemeinkosten									
Zuschlagsgrundlagen (Ist)					143.750,00	115.000,00	86.250,00		
Zuschlagssätze (Ist)									
Zuschlagsgrundlagen (Normal)									
Zuschlagssätze (Normal)			25%		100%	115%	125%	20%	6%
Kostenüberdeckungen									
Kostenunterdeckungen									

609.3

Kostenträgerblatt der Möbelfabrik Schneider OHG

Kalkulationsschema	Verrechnete Normalkosten Insgesamt	„Standard“	„Jugend“	„Luxus“
Fertigungsmaterial	155.000,00	155.000,00	70.000,00	55.000,00
+ Materialgemeinkosten				
= Materialkosten				
Fertigungslöhne FHS I	143.750,00	80.000,00	30.750,00	33.000,00
+ Fertigungsgemeinkosten				
= Fertigungskosten FHS I				
Fertigungslöhne FHS II	115.000,00	65.000,00	25.000,00	25.000,00
+ Fertigungsgemeinkosten				
= Fertigungskosten FHS II				
Fertigungslöhne FHS III	86.250,00	45.250,00	20.000,00	21.000,00
+ Fertigungsgemeinkosten				
= Fertigungskosten FHS III				
= Herstellkosten der Erzeugung				
– Mehrbestand fertige Erzeugnisse				
= Herstellkosten des Umsatzes				
+ Verwaltungsgemeinkosten				
+ Vertriebsgemeinkosten				
= Selbstkosten				
Nettoumsatzerlöse		767.000,00	296.400,00	220.600,00
– Selbstkosten				
= Umsatzergebnis				
+ Kostenüberdeckung/- Kostenunterdeckung				
= Betriebsergebnis				

609.4

Stückkalkulation der Möbelfabrik Schneider OHG

Herstellkosten der Erzeugung gesamt	Verrechnete Normalkosten „Standard“	„Jugend“	„Luxus“
gefertigte Stückzahl	7250	3650	1250
Herstellkosten der Erz. pro Stück			
+ Verwaltungsgemeinkosten			
+ Vertriebsgemeinkosten			
= Selbstkostenpreis			
+ Gewinnzuschlag			
= kalkulierter Verkaufspreis			

Durchschnittlich erzielte Verkaufspreis (Ist)			
Nettoumsatzerlöse	767.000,00	296.400,00	220.600,00
Absatzmenge	6500	3250	950
= durchschnittlicher Verkaufspreis			